Joachim Hardy Buchholz

Zur falschen Zeit am falschen Ort

Joachim Hardy Buchholz

Zur falschen Zeit am falschen Ort

Rediroma-Verlag

Bibliografische Information der Deutschen Nationalbibliothek:
Die Deutsche Nationalbibliothek verzeichnet diese Publikation in der Deutschen Nationalbibliografie; detaillierte bibliografische Daten sind im Internet über http://portal.dnb.de abrufbar.

ISBN 978-3-98527-115-3

www.rediroma-verlag.de
11,95 Euro (D)

Inhalt

Vorwort – Positives an der Gesamtsituation

Was auch immer im Leben passiert, es hat einen Sinn! Davon bin ich schon lange fest überzeugt! Das heißt jedoch nicht, dass es uns immer gefallen muss. Und das tut es manchmal ganz und gar nicht! Nicht nur geschieht alles zu einem bestimmten Zweck, sondern in jeder Situation, so abgrundtief schlecht und aussichtslos sie uns auch momentan erscheinen mag, verbirgt sich auch immer etwas Positives. Nur oft versteckt es sich gut. Wer es dann doch zu suchen bereit ist, muss hin und wieder sehr tief in steinigem Boden graben. Und ich bin auch nicht der Erste, der zu der Erkenntnis gelangt, dass in jeder Krise auch immer eine Chance steckt!

Es heißt also: Zähne zusammenbeißen und los! Ein langer Weg liegt vor mir!

Ich will mich hier nicht in Selbstmitleid baden, sondern mit einer Portion Humor zeigen, dass auch so etwas mit Freunden und vor allem mit der Familie zu bewältigen ist!

Mein Heilungsprozess zieht sich nunmehr Jahre hin. Viele Tage waren bis hierher nicht leicht. Oder anders ausgedrückt, ist es Tag für Tag und Nacht für Nacht ein langer Kampf. Oft genug mit dem übermächtigen Gefühl verbunden, gegen die berühmten Windmühlenflügel zu fechten.

Aber bei alldem lernt man auch wertvolle Menschen kennen, die man ohne diese Umstände mit hoher Wahrscheinlichkeit nie getroffen hätte! Einige davon sind flüchtige Bekanntschaften und spielen sich im Smalltalk-Bereich ab. Mit anderen verbindet uns mehr. Und dann gibt's unter den vielen Leuten, mit denen man täglichen Umgang hat, wenige ganz besondere Menschen. Wenn wir ihnen begegnen, wissen wir bereits in den ersten Sekunden, dass dies ein sehr vertrauensvolles Verhältnis werden kann. Nennt man das nicht Sympathie? Und plötzlich sind da neue Freunde! Darüber freue ich mich ganz besonders! Dadurch treten aber die altbekannten Freunde nicht in den Hintergrund. Nein! Ich bin allen sehr dankbar, die mich und Kirsten in der schweren Zeit begleiten. Bei ihnen weiß ich genau, dass ich mich immer auf sie verlassen kann. Auch um diese Bestätigung zu finden, braucht es mitunter ein solches Erlebnis. Oder hätte ich die vielleicht auch auf einem weniger schmerzhaften Wege gefunden?

Wo wird mich dieser Weg hinführen?

Werde ich das alles schaffen, was vor mir liegt?

Wir werden sehen …

Kapitel 1
Böses Erwachen

Was ist passiert? Das ist die brennende Frage, die mir seit meinem ersten Erwachen durch den benebelten Kopf schießt.

Ich realisiere schon bald, dass es ein Krankenhaus ist, in dem ich mich befinde. Kabel und Schläuche nehme ich in meinem direkten Blickfeld wahr. Alle enden offenbar an den verschiedensten Stellen meines Körpers. Einige nicht mal da, sondern führen in ihn hinein. Den linken Unterarm ziert eine Art Klettergerüst, ein sogenannter „Fixateur". Ein verstellbares Metallgerüst, das die Teile der Hand und des Armes in der richtigen Position zueinander hält und fixiert, weil es meine gesplitterten Unterarmknochen zurzeit nicht aus eigener Kraft können. Bis zur endgültig wiederherstellenden Operation wird es mein Begleiter sein, wie ich später erfahre.

Aber wäre das alles, könnte ich doch sicher den Rest meines Körpers bewegen, oder? Meine Denkprozesse sind deutlich schaumgebremst, was unter anderem der hohen Dosen Morphin geschuldet ist. Ein Gefühl wie hinter trübem Glas …

Nein, das kann nicht alles sein. Ich schaue also suchend an mir entlang und werde nach einer gewissen Zeit tatsächlich fündig, als ich die Decke anhebe. Zu meinem Entsetzen stelle ich fest, auch am unteren Bauch ist ein ähnliches Gerät in meinen Knochen verschraubt. Die genauen drastischen Worte, derer sich gerade meine langsamen Denkprozesse bedienen, will ich hier gar nicht wiedergeben …

Schmerzen habe ich erstaunlicherweise kaum. Zumindest in meiner derzeitigen Wahrnehmung. Wie schon gesagt, bin ich bis zum Rand mit Betäubungsmitteln vollgepumpt worden und total auf dem Trip. Mein Blick ist auch ein wenig getrübt und an den Sichträndern glitzern kleine blaue Sternchen. Auf dem Display schaut mich ein blutunterlaufenes blaues Auge aus einem entstellten Gesicht an, das in meiner Erinnerung ganz anders aussieht. Dies erkenne ich, als ich ein Selfie mit dem Handy mache. Ich überlege spontan, ob es nun zum Vor- oder Nachteil umgestaltet wurde. Ich ertaste meine Augenbraue und spüre eine Naht und einen Rest des abgeschnittenen Fadens. Auch weite Teile meiner Mundschleimhaut hat man scheinbar mit großzügigen Maschen zusammengehäkelt. Es ist unendlich heiß, es muss noch immer weit über 30 Grad warm sein...

Was mache ich hier? Es ist eine durch und durch bizarre Situation, wie ich sie noch nie erlebt habe. Absolut unwirklich! So wie in einer Welt zwischen Traum und Wirklichkeit.

Inzwischen weiß ich, warum ich hier bin. Ich habe diverse notversorgte Verletzungen. Nur kenne ich bislang den Grund dafür nicht. Keine Ahnung, was geschehen ist. Wo bin ich hier eigentlich und wie bin ich hierhergekommen? Warum ist dieser ganze Kram an mir dran? Was soll das? Ich bin doch keine Laborratte!

Zum klaren Denken sind die Umstände und die Kulisse nicht geschaffen. Wer aber an dieser Stelle meint, schlimmer geht's nicht, stelle sich folgendes Szenario vor:

Ein Zweibettzimmer. Inzwischen schreiben wir schon den 9. August. Neben mir liegt ein Mann mit einer Schussverletzung im Rücken in seinem Bett. Wie sich herausstellt, ist es ein Tschetschene. Es gab wohl eine Schießerei in einem einschlägig bekannten tschetschenischen Restaurant. Die Mordkommission ist anwesend. Zwei Polizeibeamte versuchen den Mann zu befragen, werden aber durch den Verletzten nicht im Geringsten ernst genommen. Nach langem Hin und Her brechen die Polizisten ihr Verhör schließlich ab, insbesondere nachdem sie von ihm nur verächtliche und ausweichende Antworten bekommen. Gleich im Anschluss strömen nun immer mehr seiner zottelbärtigen Landsleute in das kleine Krankenzimmer, so dass es recht voll wird. Alle plappern in ihrer Landessprache aufeinander ein und über mich hinweg. Schließlich blockieren zwei muskelbepackte Schwergewichte die Zimmertür von innen, woraufhin eine Art Schuhkarton, später mehrere, die Runde unter den Anwesenden machen. Man könnte nun raten, ob da vielleicht frisches Obst und vitaminreiches Gemüse drin ist, damit der Kranke schnell wieder auf die Beine kommt. Oder ist es vielleicht doch das, weshalb sich die Polizei ins Krankenhaus bemühte? Nämlich Handfeuerwaffen! Diese müssen anscheinend durch den neben mir liegenden Märtyrer „geheiligt“ werden, damit die anderen entsprechend ihre Rache an den Schützen üben können. Zu diesem Zweck küsst er jede dieser Waffen und bedenkt deren Besitzer mit einigen mir unverständlichen Worten. Mir ist bei dem Gedanken so gar nicht wohl! Später werde ich erfahren, dass sich auf den Stationsfluren und auf dem Klinikgelände viele weitere Personen dieses Kulturkreises aufhalten. Das medizinische Personal wird kaum Herr der Lage. Ein mutiger Pfleger bemüht sich nach Kräften, all diese Menschen aus dem Zimmer und von der Station zu vertreiben.

Kapitel 2
Was ist passiert?

Es ist schon kurz nach achtzehn Uhr. Dieser 07. August ist ein sehr warmer Sommertag. Seit Mitte Juli haben wir fast schon tropische Temperaturen. Zum Feierabend sind draußen noch immer fünfunddreißig Grad im Schatten! Aber Schatten gibt es hier im Autohaus kaum und mein Arbeitsplatz befindet sich auf der Südseite des Gebäudes, direkt hinter einer Fensterwand. Hier herrscht ein Klima wie in einem Gewächshaus. Diesem glücklichen Umstand verdanke ich einen hellen und freundlichen Schreibtisch, aber auch mein schweißnasses Hemd. Ich sollte hier vielleicht Südfrüchte züchten …

Bis eben gerade hatte ich Besuch von Holger. Wir haben eine Weile geredet und den einen oder anderen Kaffee getrunken. Er kommt ab und an mal vorbei. Nicht nur, um ein Auto zu kaufen, sondern auch einfach mal auf ein nettes Gespräch. Sein neuestes Auto hat er noch nicht lange, weshalb er heute noch ein paar Einweisungen braucht.

Schon ist es Feierabendzeit! Jetzt aber los! Ich bin ja mit Kirsten zu Hause verabredet. Wir wollten ursprünglich die Getränke für meine bevorstehende Geburtstagsfeier einkaufen gehen. Ein besserer Vorschlag von ihr ersetzt jedoch dieses Vorhaben. Kirsten holt die Getränke auf ihrem Nachhauseweg allein. Das ermöglicht uns, die eigentlich dafür eingeplante Zeit zum Abendessen zu nutzen. Heute ist Dienstag, also wieder „Schnitzeltag“ in der Gaststätte gegenüber dem Bahnhof.

Noch ist genug Zeit, um pünktlich zu unserer Verabredung zu Hause zu sein! Das ist mit dem „Moppi“, wie wir unsere BMW R1100S liebevoll nennen, kein Problem. Und das auch ohne schneller als erlaubt zu fahren. Es kommt auch nicht auf die Minute an. Wir wollen uns ja erst zu Hause treffen, um dann gemeinsam mit unseren Fahrädern noch mal loszuradeln.

Trotz der hochsommerlichen Temperaturen, die nun schon sehr lange anhalten, verzichte ich nie auf den notwendigen Schutz in Form der richtigen Kleidung. Die Jacke allein wiegt inklusive der eingebauten Protektoren bestimmt wenigstens acht bis zehn Kilogramm. Ich habe sie nie gewogen. Dafür bietet sie aber erstklassigen Schutz für Wirbelsäule, Ellenbogen und natürlich die Schultern. Sie hat an allen gefährdeten Stellen dicke Protektoren. Handschuhe müssen sein! Ein Helm? Keine Frage! Auch die Motorradstiefel sind obligatorisch. Bis ich die Autobahn erreiche, wird mir ausgiebiges Schwitzen mehr als sicher sein! Erst der Wind beim schnelleren Fahren wird Abkühlung bringen...

Ich ziehe also alles Notwendige an, verabschiede mich von Holger und fahre los. Dass ich nicht weit kommen werde, weiß ich in diesem Moment noch nicht. Mit keinem Gedanken vermute ich, nicht zu Hause anzukommen. Die verhängnisvolle Fahrt führt mich also zur falschen Zeit genau zum falschen Ort.

Hier könnte ich in Gedanken eine Trennlinie zwischen altem und neuem Leben ziehen.

Ich selbst erinnere mich nicht an Einzelheiten des Unfallhergangs. Ich arbeite ja immer gern mit Vergleichen, um Dinge anschaulicher zu machen. Die Aufzeichnungen waren zur Verarbeitung im Arbeitsspeicher, sind aber durch Systemabsturz nicht bis auf die Festplatte gelangt …

Das letzte Erinnerungsstück ist, dass ich im Autohaus losfuhr. Als nächstes finde ich mich später im beschriebenen Umfeld wieder.

Aber Moment, eine kleine Filmsequenz geistert in meinem Kopf umher. Als ich nach dem Aufprall auf der Straße liege, beugt sich ein Ersthelfer über mich und fragt mich, was mir wehtut, wahrscheinlich um zu erfahren, ob ich bei Bewusstsein bin und welche Verletzungen versorgt werden müssen. Ich antworte in dieser Szene, die sich wie ein Traum oder aus einem Film anfühlt, er solle mir fünf Minuten Ruhe gönnen. Dann wäre ich wieder fit und könnte aufstehen. Bestimmt denkt der Feuerwehrmann, er hätte genug gehört und wird mir eine Injektion gegen die Schocksymptome verabreichen …

Kapitel 3
Wie Kirsten die Situation erlebt

Kirsten erfährt mit Sicherheit gerade den allergrößten Stress. Es muss eine wahre Folter für sie sein.

Immer wenn jemand von solchen Ereignissen berichtet, entwickeln die Zuhörer eine große Anteilnahme. Meist aber nur mit derjenigen Person, die das direkte Opfer eines Unfalls oder vielleicht einer schlimmen Attacke wurde. Wie erlebt aber der Partner diese Situation? Oder muss ich genderübergreifend „Partner*in“ sagen?

Zu Hause wartet Kirsten mit Schnitzelhunger auf mich, denn wir sind, wie schon gesagt, zum Essen verabredet. Sie freut sich auf den gemeinsamen Abend und auf das tschechische Schwarzbier!

Seit zwei Wochen leistet Kirsten die Vertretung für ihre Kollegin im Zehdenicker Büro. In der Urlaubszeit muss das Büro besetzt sein, weshalb sie die langen Anfahrtswege zwangsläufig in Kauf nimmt. Heute klappt alles richtig gut und sie kann ihre Arbeitsstätte pünktlich verlassen. Deshalb will sie gleich noch unterwegs die Getränke für meine Geburtstagsparty einkaufen. Gesagt, getan. Kurze Zeit später ist sie schon beim Getränkefachhandel in Bernau. Ich schreibe ihr vier Minuten nach achtzehn Uhr, dass ich losfahre. Also sind wir beide genau im Zeitplan.

Um zehn nach sieben kommt Kirsten nach Hause und ich bin noch nicht da. Ihr Gedanke ist, dass ich mich vielleicht ein paar Minuten mit Holger verquatscht habe. Die Blumen im Garten brauchen sowieso noch unbedingt Wasser. Sie überleben diese heißen Hochsommertage sonst nicht. Also beginnt sie erst mal damit, den Garten zu bewässern. Gegen halb acht überkommt sie dann aber doch so ein leichtes Unruhegefühl und sie wählt meine Rufnummer, um zu fragen, wo ich bliebe. Nur die Mailbox geht ran... Sie versucht sich zu beruhigen und gießt vorerst weiter die Blumen. Nur lange hält die Ruhe nicht an. Nach ein paar Minuten hält sie es nicht mehr aus und betätigt die Wahlwiederholung. Nochmals nur die Mailbox...

Nachdem eine längere Zeit vergangen ist und sie immer noch nichts von mir gehört hat, stellt sich bei ihr langsam eine flaue Unruhe ein, gepaart mit Hunger. Sie hat in Zehdenick kein Mittags-Catering und sie hat seit ihrem kleinen Frühstück nichts gegessen. Irgendwann versucht sie mich erneut telefonisch zu erreichen. Natürlich wieder ohne Erfolg. Dies führt nun dazu, dass ihr Hunger schon bald in den Hintergrund rückt und sich immer mehr ein Gefühl brennender Verzweiflung breitmacht.

Daraufhin startet sie ihren „Tappi“, wie sie ihr Tablet nennt, und schaut bei Google Maps in die Verkehrsinformationen. Es könnte ja einen Stau auf meiner Strecke geben und die Verzögerung erklären. Aber hätte ich dann nicht angerufen? Gut, es kommt auch mal vor, dass der Akku meines Telefons leer ist. Es telefoniert sich auch beim Motorradfahren nicht so gut, obwohl der Helm eine Freisprechanlage hat.

Doch was ist das? Es gibt eine Vollsperrung. Genau auf meiner Route, nicht weit von meiner Arbeit. Plötzlich ergreift sie der dringende Verdacht, dass etwas Schreckliches passiert ist. Sie starrt wie gelähmt auf das Computer-Display und überlegt, wer ihr in dieser Situation helfen könnte.

Nun ruft sie mit zittrigen Händen die Polizei an. Beim ersten Versuch landet sie bei der Polizei Brandenburg. Dort sagt man ihr, dass man für Berlin nicht zuständig sei, und gibt ihr die Nummer für Berlin. Die Beamten der Berliner Dienststelle wiederum geben ihr zu verstehen, dass sie am Telefon keine Angaben machen dürften. Sie müsse verstehen, wegen des Datenschutzes!

Spätestens jetzt fühlt sie sich wie ein zu stramm aufgezogenes Uhrwerk. In ihrer Not versucht Kirsten, Connys Freundin Ilka anzurufen und erreicht sie auch sofort. Ilka ist Chefin einer Krankentransportfirma, allerdings im Landkreis Potsdam Mittelmark. Sie hofft, dass die Krankentransporte genauso vernetzt sind wie die Polizei. Sind sie nicht, aber sie versucht, etwas zu erfahren.

Minuten später ruft Ilka sie zurück und erklärt ihr, dass sie nichts erreicht hat, und gibt ihr den Tipp, in den Krankenhäusern in der Nähe des möglichen Unfallortes anzurufen. Das tut sie, nur leider ohne Erfolg. Nach dem Anruf bei drei Kliniken überlegt sie erneut, was ihre Nachforschungen weiter voranbringen kann.

Kirstens Unruhe wächst nun immer mehr!

Ihr fallen unsere Nachbarn Kerstin und Stephan ein und sie eilt zu ihnen schräg über unsere Straße. Sie hofft, dass Stephan ihr als ehemaliger Feuerwehrmann helfen könne. Mist, niemand zu Hause!

In ihrer inzwischen massiven Panik ruft meine Frau bei Sabine an. Bine ist eine gute Freundin, die in der Rettungsstelle der Charité arbeitet. Auch ihr stellt sie die Frage, ob sie helfen könne. Natürlich hat Sabine gerade Urlaub, nimmt aber trotzdem den Kontakt zu ihren Kollegen aus der Rettungsstelle auf.

Eine gefühlte Ewigkeit vergeht. Als nach fünf Minuten dann ihr Rückruf kommt, spricht nun auch Sabine sehr stockend und zögerlich. Aufgrund ihrer medizinischen Kenntnisse will sie sich sehr vorsichtig ausdrücken. Kirsten platzt fast vor Anspannung. Um sich Luft zu verschaffen, unterbricht sie sie recht laut und fast schreiend: „Lebt er denn wenigstens noch?“

Daraufhin sagte sie ihr etwas sachlicher, dass ich einen Unfall hatte und in die Seestraße eingeliefert wurde. „Er lebt“, sagt sie. „Er hat aber ein Schädel-Hirn-Trauma erlitten, einen Beckenbruch, einen gebrochenen Wirbel, einen Unterarmbruch und weitere Wunden und Blessuren. Etwaige weitere Schäden können die Ärzte erst nach der Notoperation beurteilen.“

Kirsten ist total entsetzt und will sofort zu mir! Sabine rät ihr jedoch davon ab, allein zum Wedding zu fahren. Sie war aber auch voller Adrenalin und deshalb felsenfest überzeugt, es allein zu schaffen. Sabine will sofort kommen und sie begleiten. Die Wege von Bine zu uns nach Hause und dann erst von zu Hause zum Campus Virchow sind aber für „schnell mal“ viel zu lang. Gut gemeint, aber sie will auf der Stelle losfahren.

Kerstin, die Nachbarin, hat inzwischen gehört, dass Kirsten bei ihr war, und kommt in diesem Moment über die Straße. Ihr erzählt sie alles völlig aufgelöst und unter Tränen. Kerstin und ihre Tochter Kathi fahren sie daraufhin gleich in die Seestraße.

Gegen halb Zehn kommen sie im Virchow Klinikum, einem Campus der Charité, an und werden informiert, dass ich mich zurzeit noch im Operationssaal befinde. Weitere Einzelheiten könne man ihr erst am nächsten Morgen ab acht Uhr berichten. Leider müssen sie deshalb unverrichteter Dinge wieder losfahren, weshalb sich auch die Aufregung in ihnen nicht legen kann. Zu Hause angekommen, ist an schlafen nicht zu denken.

Nach längerem quälendem Wachliegen ruft sie einfach mal im Krankenhaus an und fragt sich über mehrere Instanzen durch, bis sie endlich bei jemandem in der Intensivstation gelandet ist. Ich befinde mich zu dieser Zeit gerade auf der Aufwachstation, wo sie mich tatsächlich erreicht. Wir können wirklich einen Moment miteinander sprechen. Ich komme gerade wieder zu Bewusstsein. Ein Glück! Manches von dem, was ich ihr mit Mühe sagen will, ist bestimmt wirres Zeug und durch meine verwaschene Aussprache schwer zu verstehen. Das liegt wohl an der gerade erst überstandenen Narkose und den Schwellungen im Gesicht. Vielleicht auch am postoperativen Delir. Als wir unsere Stimmen hören und ich sie erkenne, fällt ein großer Teil der Aufregung von ihr ab. Das ermöglicht ihr wenigstens in den folgenden drei Stunden etwas Schlaf. Schade, dass ich selbst daran keine Erinnerung mehr habe!

Frühmorgens aufgewacht denkt Kirsten, dass sie einen Albtraum gehabt hätte. Aber nein, es ist doch alles real! Ich bin nicht bei ihr! Ich fehle ihr bestimmt wie sie mir!

Kapitel 4
Virchow-Klinikum

Als mich der Pfleger zu einem späteren Zeitpunkt zur Becken-OP abholt, bitte ich ihn, mich nach der Operation in ein anderes Zimmer zu verlegen. Er war derjenige, der schon seine Erfahrungen mit dem Tschetschenischen Angeschossenen und seinen Besuchern gesammelt hat. Mein Wunsch wird mir gern erfüllt.

Nun bin ich auf der Station 17 im Zimmer 5 und lerne dort Muhamed kennen. Eine Seele von Mensch! Er kommt aus Bosnien und befindet sich wegen einer Tumorerkrankung des Fußes in Behandlung. Ich glaube, ihm wurden einige Zehen entfernt. Es bleibt unausgesprochen, aber ich glaube, keiner von uns will mit dem anderen tauschen!

An die Becken-OP selbst habe ich keine speziellen Erinnerungen. Einzig das Erwachen wurde zu einem bleibenden Erlebnis. Es muss zu Komplikationen gekommen sein. Ich erlitt nach der Operation ein sogenanntes „Aktives Postoperatives Delir“. Damit sich zukünftige Ärzte von vornherein auf diesen randalierenden Patienten und eventuelle von ihm ausgehende Schwierigkeiten im Zusammenhang mit der Verabreichung von Propofol vorbereiten können, stellt man mir später einen Anästhesie-Pass aus. Auch Michael Jackson musste erfahren, dass von diesem Narkotikum nicht nur positive Wirkung ausgeht. Er muss es genau wissen, denn er ist immerhin daran gestorben.

„Aktiv“ steht wohl dafür, dass ich mich vielleicht schlecht benommen habe. Vage Erinnerungsfetzen habe ich daran, dass man offenbar versucht hat, mich während der Aufwachphase noch mal zu intubieren. Vielleicht habe ich mir das Ding auch in meiner ungehorsamen Aufmüpfigkeit heraus gezottelt. Auf jeden Fall kommt die Prozedur dem berüchtigten Waterboarding recht nahe, einer Foltermethode, die von der Genfer Konvention geächtet ist. Hierbei wird bei den Opfern durch Erschweren des Atmens das Gefühl des Ertrinkens oder Erstickens erzeugt, was schnell zum Brechen ihres Willens führt. Für mich endet der Widerstand gegen meine Folteranästhesie nach erweiterter Sedierung auf der Intensivstation.

Den Ärzten, die mich zuerst in der Notaufnahme erstversorgt haben, bin ich sehr dankbar, dass sie mein Leben gerettet haben! Dazu, mich in Richtung Friedhof durch die Hintertür aus dem Staub zu machen, bin ich absolut noch nicht bereit! Aufgeben ist für mich keine Option! Unterwegs dorthin begegne ich in meinen Fantasien diesem hoch betagten und völlig in weiße Gewänder gehüllten alten Herrn mit langem weißen Bart. Eine Art Aura umgibt ihn. Mit ihm würde ich jetzt hart zu verhandeln haben und muss ihm schließlich versprechen, dass er mich nie wieder auf einem Motorrad erwischt. Wir verabschieden uns formell, aber trotzdem auch herzlich. Von nun an soll also ein langer anstrengender Kampf zurück ins „normale" Leben beginnen …

Diese Erfahrungen werte ich als schönstes Geschenk zu meinem heutigen Geburtstag!

Für Montag, den 13. August 2018, ist die Operation des linken Arms angesetzt. Gleichzeitig soll auch der seit der Notoperation angebaute Fixateur, mein schönes Edelstahl-Klettergerüst, entfernt werden.

Die erst vier Tage zurückliegende Becken-OP hat mir, wie schon beschrieben, ungeliebte Narkoseschwierigkeiten mit den sich anschließenden Nahtoderfahrungen verschafft. Dies will ich auf gar keinen Fall während des noch bevorstehenden Eingriffs am Unterarm wieder erleben! Deshalb lasse ich mich zuvor über alternative Betäubungsmöglichkeiten aufklären. Vielleicht kann ich ein anderes geeignetes Verfahren in Betracht ziehen. Der Anästhesist klärt mich schließlich mit sprühender Begeisterung über die partielle Anästhesie des linken Arms auf, für die ich mich dann auch gern entscheide. Ob das sonst nur wenige Patienten tun? Ich habe jedenfalls den Eindruck, dass er schon lange auf diese Möglichkeit wartet, um sein Wissen auszuprobieren. Er erklärt mir alles sehr bildhaft und ausführlich und bestätigt mir auf meine Nachfrage, dass ich im vollen Bewusstsein in meinem Bett liegen bleiben könne. Nur der Arm käme zum Operieren auf den OP-Tisch.

Nun ist es so weit. Es ist Montag früh kurz vor sieben Uhr. Pünktlich holt mich der Kollege der Charité-Transport-Abteilung ab und schiebt mich mit meiner rollenden Schlafstätte durch das Gebäude. Ich staune, dass er im Wirrwarr der Gänge und Lifte die Orientierung behält. Das Wort „Orient" kommt hier übrigens nicht zufällig zum Einsatz … Schon nach wenigen gefühlten Kilometern erreichen wir den OP-Trakt, wo sich bereits von Patienten in ihren Betten ein Stau bildet. Die schon bereitgestellten OP-Patienten werden von hier aus den vorgesehenen Operationsräumen zugeteilt und ebendort hineingeschoben. Sofort beginnen drinnen alle mit der ihnen zugedachten Arbeit, ähnlich einem Uhrwerk, das aufgezogen bereitsteht und nun jemand das vorgespannte Pendel anstößt.

In meinem Fall beginnt der Anästhesist nun mit dem Ultraschall der linken Achselhöhle. Das entsprechende Abbild entsteht sofort auf dem bereitgestellten Laptop rechts neben mir. Deutlich sind die fingerdicken Nervenstränge des Arms in roter und blauer Darstellung erkennbar. Bevor er mit seiner eigentlichen Arbeit beginnt, muss die Behandlungszone betäubt werden. Hierzu gibt es ähnlich kleine Injektionen direkt in die Achselhöhle, wie sie beim Zahnarzt zur Betäubung eingesetzt werden. Das tut verhältnismäßig wenig weh und ist sehr effektiv. Wäre es das nicht, hätte mich der nun folgende Anblick doch sehr schockiert. Es kommen Spritzen mit einer Länge von über zehn Zentimetern und einem beachtlichen Durchmesser der Kanülen ins Spiel. Ein Anblick, bei dem einem der Atem stockt! Mit dem darin enthaltenen Mittel sollen die beiden Nervenstränge umspritzt, jedoch nicht getroffen werden. Sollte es doch einen unbeabsichtigten Treffer geben, so erklärt er, wäre dies ein Gefühl wie das Berühren eines Koppelzauns. Also wie ein elektrischer Schlag. Das soll aushaltbar sein, geschieht jedoch glücklicherweise nicht. Ein beginnendes oberflächliches Taubheitsgefühl stellt sich schnell ein.

Da ich in eine solche Sitzung nicht unvorbereitet gehe, nehme ich mir den iPod mit. Die Kopfhörer setze ich auf die Lauscher und will sogleich das Hörbuch von Eckart von Hirschhausen starten. Passendes Thema zum Umfeld! Sollte es länger als erwartet dauern, sind noch weitere Tracks auf dem Gerät. Aber meine Zähne beginnen bereits nach nur zehn oder höchstens fünfzehn Minuten heftig aufeinander zu klappern. Eine unsagbare Kälte macht sich in meinem gesamten Körper breit. Ich zeige also dem Anästhesisten mein OP-Hemdchen und den darüber liegenden Bettbezug anstelle einer normalen Decke. Ich wurde in meinem Bett schließlich direkt aus den Tropen zum Nordpol gefahren. Es brodelt draußen und auf dem Zimmer der Station noch immer in hochsommerlichen Temperaturen über dreißig Grad! Und so frage ich ihn, welche Temperatur denn hier im OP-Saal herrscht.

Er meinte: „Normal, 12 bis 14 Grad Celsius."

Angesichts meiner dünnen Bekleidung und der fast nicht existenten Zudecke kommt Entsetzen in mir auf. Ich sage: „Wir sind jetzt hier noch keine zwanzig Minuten beschäftigt. Die Rede ist jedoch von insgesamt zweieinhalb Stunden! Das überlebt doch niemand! Ich bekomme hier Gefrierbrand!"

Er lacht und versuchte mich zu beruhigen. Er meint, es käme gleich noch jemand mit einer Wärmedecke...

Von Seiten der Operateure, die sich bereits mit der Entfernung meines Fixateurs beschäftigen, höre ich das deutliche Kommando „Patient umbetten". Hier wird keine Zeit verschwendet! Narkose hin oder her, so schlimm wird's schon nicht sein …

Mit dem Kommando meinen sie natürlich, ich müsse raus aus meinen Federn, die wenigstens noch einen Bruchteil meiner restlichen Körperwärme reflektieren, und auf den tiefgefrorenen OP-Tisch gelegt werden. Alle Alarmglocken läuten sogleich in meinem Kopf! Ich protestiere aufs Energischste! Schließlich hatte ich doch im Vorgespräch die Zusage bekommen, mit Hirschhausen auf den Ohren im Bett liegen bleiben zu können und entspannt seinen Vorträgen zu lauschen.

Daraufhin telefoniert die OP-Ärztin freisprechend mit dem Chefarzt. Der stellt nüchtern die Gegenfrage, ob das Krankenbett desinfiziert sei. Ist es natürlich nicht! Sie verneint am Telefon. Damit ist die Entscheidung klar genug formuliert und ich muss tatsächlich umgebettet werden.

Nun ist „umbetten“ im gegebenen Kontext ein sehr relativer Begriff und hat mit Romantik wenig zu tun. Nach dem Prinzip „vier Mann – vier Ecken“ werde ich am Laken ergriffen und auf den OP-Tisch geknallt. Dessen Eiseskälte durchdringt die dünne Textilschicht der Bettunterlage in Sekundenbruchteilen. Ich denke, mir zerbrechen sämtliche Knochen, denn es sind ja noch keine vier Tage nach der abgeschlossenen Beckenoperation vergangen...

Dies muss wohl die Hölle oder ein ähnlich beliebter Ort sein. Nur viel, viel kälter. Aber diesen geringen Unterschied möchte sofort jemand wettmachen, indem er mir die versprochene Wärmedecke bringt, auf die ich so lange schon warte. Zum besseren Verständnis, diese „Decke“ hat weniger Ähnlichkeit mit einem Federbett, als eher mit einem großen schweren Kissen oder vielleicht einer dicken Kastenluftmatratze, aus deren Öffnungen warme Luft strömt. Dieses Ding ist so schwer, dass ich denke, wenn mich der Rest bis hierhin nicht umbringen konnte, dann killt mich jetzt dieses Wärmekissen mit seinem Gewicht. Aber schön! Nun werde ich mit Oberhitze gegrillt und unterhalb auf dem edelstählernden OP-Tisch gefrostet. Die Wohlfühltemperatur muss irgendwo tief in der Kernkörperzone liegen. Im Durchschnitt ist also alles richtig, würde ein Mathematiker sagen …

Der Anästhesist gibt mir für den Notfall eine Sauerstoffmaske. Nur für den Fall, dass mir irgendwie schwindlig oder sonst wie schlecht werden würde. Nichts ist bislang so eingetreten, wie er mir vorher in höchsten Tönen geschildert hat. Aber er bleibt überaus einfühlsam.

Die operierende Ärztin lässt sich von so Kleinigkeiten wie Wärme, Kälte, dem Umbetten geschuldeter weiterer gebrochener Knochen oder der noch nicht wirkenden Betäubung nicht abschrecken! Sie konzentriert sich in ihrer Arbeit ausschließlich auf das von ihr zu versorgende Körperteil. Also jetzt meinen Arm. Das Klettergerüst ist schon, ohne auf die einsetzende Wirkung der Anästhesie zu warten, entfernt worden. Sie traktiert jetzt die OP-Stelle mit einer Klemme oder Ähnlichem und will von mir auf einer Skala von eins bis zehn bestätigt haben, inwieweit noch Schmerzempfindlichkeit besteht. Bedingt durch die Kälte wirkt die partielle Anästhesie nicht besonders gut und ich rufe spontan und ganz laut: „fünfzehn!“

„OK“, sagt sie unerschrocken. „Wir brauchen hier eine Vollnarkose!“

Sofort sind bei mir alle Erinnerungen an die erste Operation wieder lebendig. Und natürlich an die Albträume des Delirs danach.

Nun schaltet sich der Anästhesist wieder ein und versichert mir, er hätte meine Akte gelesen und wüsste, worum es geht, und es werde eine ganz vorsichtige Narkose eingeleitet. Er tauscht dafür die Sauerstoff-Atemmaske gegen eine mit Narkosegas aus und sagt mir, ich könne selber nach Bedarf atmen. Es käme auch nicht darauf an, ob ich in einer oder zwei Minuten schlafe. Bewusst atme ich vielleicht drei Züge. Angenehm ist, dass er mir selbst die Maske überlässt und sie mir nicht aufs Gesicht presst. Dann schlafe ich.

Ja, er hält wie versprochen Wort und ist auch beim Aufwachen zugegen. „Wie heißen Sie? Und wissen Sie, wo Sie sind?“, stellt er die üblichen Fragen.

Ich blicke auf die riesengroße sonnenbeschienene Fensterfront, die mich im Aufwachraum des Virchow Krankenhauses etwas blendet. Ich verrate meinen Namen und sage ihm in einen Ton der Selbstverständlichkeit: „Bei dieser großen sonnigen Glasfront können wir nur im Hilton oder im Virchow sein.“

Er lacht und meint: „Den Humor haben sie Ihnen Gott sei Dank nicht rausgeschnitten.“

Nun prangt auch eine tolle Schiene am Arm, die mich von nun an für einen Monat oder sechs Wochen begleiten soll. Im Inneren wurde der mehrfach gebrochene Knochen durch ein Metallimplantat – eine sogenannte Osteosynthese – verstärkt.

Kapitel 5
Schwestern und Pfleger

Die meisten Schwestern sind – wie wahrscheinlich in jeder medizinischen Einrichtung – liebevoll um ihre Patienten bemüht. Ein großes Lob dafür! Einige Namen werde ich für immer im Gedächtnis behalten. Die immer lustige und gut gelaunte Jessy, die bei jedem Besuch in meinem Zimmer erst mal die Abkühlung vor meinem Ventilator genießt. Dann gibt's die kleine Stationsschwester Sofia aus Kenia. Sie weiß genau, was sie tut, und hat ihre Station im Griff. Sie macht weniger Scherze, aber fachlich ist sie ein Ass! Darüber hinaus gibt es noch einige bemühte Azubis und Praktikanten. Schließlich ist da noch der immer lustige dunkelhäutige Francis mit seinem ‚denglischen' Slang und die kleine Vietnamesin Tsang. Sie rufe ich eines Tages per Knopfdruck, um mein Bett zu richten. Irgendwie reagiert es nicht mehr auf meine kabelgebundene Fernbedienung und verharrt in einer sehr unbequemen und auch schmerzverursachenden Position. Da sie eine sehr hilfsbereite Person ist, macht sie sich ohne viele Worte sofort ans Werk und verschwindet unter meinem Bett. Ich verliere sie aus den Augen und will gerade meine Gedanken sortieren, um ihr meine Empfehlungen mit auf den Weg zu geben, als es auch schon laut kracht. Mein gesamtes Bett liegt jetzt einen halben Meter tiefer und ist vollkommen flachgestellt. Wie im Trickfilm entzieht sich mir die Unterlage, mein Körper reagiert langsamer und fällt schließlich der Matratze hinterher. Nach der etwas harten Landung bleibt mir mein Schmerzensschrei im Halse stecken, weil mir dafür schlicht die Luft fehlt. Von Tsang ist nun aber auch nichts mehr zu sehen oder zu hören! Wo ist sie? Ist ihr etwas passiert? Diese Krankenhausbetten sind ja nicht nur Liegestätten, sondern hoch entwickelte technische Meisterwerke mit vielen Funktionen. Diverse Winkel, Hebel, Winden und Motoren ermöglichen in fast jeder Situation die richtige Einstellung des Matratzenrostes. Vom aufrechten Sitzen, über eine Art Relax-Liege bis zur flachen Stellung für Transport und Einlagerung. Für diese Flachstellung gibt es einen Hebel, der sozusagen die Generalschlüsselfunktion verkörpert. Man könnte auch „Reset" sagen. Diesen Hebel betätigen aber normalerweise nur die, die die leeren Betten reinigen und desinfizieren, bevor sie neuen Patienten bereitgestellt werden. Wenn die aus Vietnam stammende Krankenschwester genau diesen Reset-Hebel gezogen hat, könnte sie ernsthaft Schaden erlitten haben, wenn nicht sogar Schlimmeres!

Sie taucht schließlich wieder auf. Kreidebleich und mit groß aufgerissenen Augen, in denen der gerade erlebte Schrecken noch lebendig ist! Sie bewegt sich ganz langsam. Als ich sie frage, ob sie verletzt sei, bekomme ich nur eine zaghafte Antwort in ihrem Heimatakzent: „Alle O.K. – alle gut!" Und sie zeigt mir, dass sich ihre Hände noch an den Unterarmen befinden. Anschließend schwebt sie ganz leise aus dem Raum. Vermutlich um sich zu beruhigen und ihre Fassung wiederzufinden …

Es gibt jedoch auch einen traurigen Ausnahmefall ganz anderer Art. Ich gebe mir große Mühe, ihren Namen vollständig zu vergessen. Ich glaube, sie heißt Angela oder so ähnlich. Ganz wird mir das wahrscheinlich nicht gelingen.

Es gibt ja Situationen im Leben, in denen man doch zumeist gern ungestört ist. Da ich aber meine notdürftigen

Verrichtungen, soweit überhaupt möglich, ausschließlich mit einer sogenannten „Bettpfanne“ erledigen kann, muss ich immer danach fragen. Dies ist jedes Mal ein peinlicher Moment. Per Ruf-Taste alarmiere ich dann jemanden aus dem Schwesternzimmer. Ich trage meinen Wunsch vor und es muss jemand solch ein Teil herbeischaffen. Ich drehe mich unter großen schmerzhaften Anstrengungen mit Hilfe des rechten Bettgitters auf die Seite und die Schale muss dann irgendwie unter mein Hinterteil kommen. Ich hatte gar nicht vor, das so detailliert zu schildern. Doch es gelingt unter diesen misslichen Umständen noch nicht, was Erleichterung bringen sollte...

Anschließend ist wieder der Klinikmitarbeiter gefragt, das Endprodukt, wenn es denn dazu käme, zu entsorgen und als krönenden Anschluss dem erwachsenen Patienten die entsprechende Sauberkeit zu verschaffen. Hochachtung denen, die sich auch in dieser Situation auf ihre Pfleglinge einstellen und ohne zu murren ihre Aufgabe erledigen! Das sind in meinen Augen wahre Alltagshelden!

Aber, wie gesagt, meine Verdauung meldet zwar einerseits nötig ihre Endphase an, spielt dann aber nicht bis zum Schluss mit. Das ist wohl auf die erst kürzlich überstandenen Operationen an Bauch und Rücken und die widrigen Umstände zurückzuführen. Vielleicht tragen auch die mangelnde Privatsphäre und die hohe Dosis Morphin ihren Teil dazu bei.

Da in Kürze das Neubeziehen der Betten angekündigt ist, halte ich es für sinnvoll, den kommenden Versuch dieser Notdurft noch vorher in der alten Wäsche zu verrichten. Ich will ja niemandem doppelte Arbeit zumuten, wenn’s vermeidbar ist. Die an diesem Tag diensthabende Schwester Angela muss offenbar diesen Punkt, der nun mal auch in ihren Arbeitsbereich fällt, ganz anders verstanden haben. Sie ist sichtlich bitterböse über die zusätzliche ungeplante Arbeit, was sie den „Delinquenten“ deutlich spüren lässt. Das bin jetzt gerade ich. Es beginnt mit der unsanften Platzierung der Bettpfanne. Die Bettdecke, die solch einen Moment hätte diskreter gestalten können, schlägt sie über das Fußende des Bettes zurück. Sie besteht schließlich auch darauf, diese gut acht Zentimeter dicke, auch „Schieber“ genannte, Pfanne so zu positionieren, dass ich mit angehobenem Hinterteil mehr oder weniger darauf liege, was mir angesichts meiner Rückenoperation riesengroße Schmerzen verursacht. Für meinen Zimmergenossen Muhamed muss dies auch ein absurdes und bisweilen unappetitliches Bild sein. An eine entspannte „Verrichtung“ ist auf diese Weise schon mal nicht zu denken. So kommt es, dass auch unter größter Anstrengung und Schmerzerduldung gar nichts passiert. Nach vielleicht einer knappen halben Stunde des vergeblichen, aber schmerzvollen Versuchs rufe ich mittels meiner Signaltaste die Schwester, um mich wieder aus dieser misslichen Lage zu befreien. Angela kommt und reißt mir zuerst das OP-Hemd runter. Sie dachte bestimmt, dass es beschmutzt sein könnte. Außerdem würde es beim Wäschewechsel sowieso getauscht werden.

Ich liege somit völlig entblößt im Bett. Ohne Decke und ohne sonstige Sachen. Ich soll mir nach ihrer scharfen Ansage gefälligst selbst helfen, was mir natürlich nicht möglich ist. Dies umsäumt sie dann ihrerseits mit Hasskommentaren und den Aufforderungen, mich doch endlich vernünftig hinzulegen. Selbstverständlich geht auch das wegen der Schmerzen nicht so einfach. Es ist ja erst der 12.

August und der zurückliegende Eingriff gerade erst drei Tage her. Sie legt dann doch recht widerwillig Hand an, wechselt die Bettwäsche und bringt mich wenig mitfühlend in eine ihrer Meinung nach stabile Liegeposition. Ihrem Azubi zeigt sie auf diese Weise mal richtig, wie man am besten mit solchem Patientenpack umspringt. Der steht mit offenem Mund daneben und fragte sie danach, ob das in dieser Form wirklich nötig war. Mir stehen die Tränen in den Augenwinkeln! Zum einen vor Schmerz, zum anderen auch wegen der Peinlichkeit!

Sicher kann ich das hier so anschaulich wie möglich aufschreiben, aber den Grad der Erniedrigung und Demütigung auf tiefster und geschmacklosester Ebene gibt das nicht wieder! Ich denke ernsthaft daran, ihrem Treiben mit rechtlichen Konsequenzen zu Leibe zu rücken. Nur wie könnte ich das je beweisen? Vielleicht können der Azubi und mein Zimmergefährte später noch als Zeuge auftreten. Ich bin offenbar nicht der einzige Patient, der in den Genuss ihrer Bekanntschaft kommt. Später soll ich erfahren, dass es schon etliche solcher Vorfälle mit dieser Schwester gegeben hat. Sie soll wohl auf eine andere Station versetzt werden, wo sie kein ähnliches Unheil mehr anrichten kann. Besser wäre noch, könnte man sie aus der Reichweite jeglicher Patienten nehmen. Aber vielleicht passiert das ja auch noch. Mein Resümee: Augen auf bei der Berufswahl!

Gut, dass es auch Geschichten wie die folgende gibt, die schon fast in das Genre der Comedy ragt. Bevor jedoch überhaupt an den Erfolg beim Benutzen der Bettpfanne zu denken ist, muss dafür erst „der Weg frei gemacht" werden. Nach Operationen im Abdomen und nach Verabreichung von Morphin ist es nicht ungewöhnlich, dass sich im

Enddarmsegment nur wenig bis gar nichts mehr von allein bewegt. Das Ergebnis ist dann meist Ergebnislosigkeit. Und wenn unten nichts herauskommt, kann oben auch nichts rein. Das könnte man auch als begründete Appetitlosigkeit umschreiben.

Nachdem ich bereits den achten oder neunten Tag in Folge keinen Stuhlgang habe, werden die Forderungen lauter, ich solle mich einem Einlauf unterziehen. Auch fühle ich mich wie aufgepumpt, sodass ich schließlich Soñas Drängen zustimme, „Ich glaube, ich nehme das Angebot an, das ich nicht ablehnen kann“.

Ich begebe mich zu diesem Zweck mit Hilfe der Stationsschwester in etwas, das einer stabilen Seitenlage sehr ähnlich ist. Wieder unter Zuhilfenahme des seitlichen Schutzgitters am Bett lasse ich das Notwendige und Unvermeidbare geschehen. Soña führt bemerkenswert routinierte Handgriffe aus. Bei ihr habe ich auch nicht das Gefühl, bloßgestellt zu sein. Es ist eine rein medizinische Notwendigkeit. Nicht gerade angenehm, aber aushaltbar. Als dies abgeschlossen ist, bittet sie mich, es so lange in mir zu behalten wie irgend möglich. Es solle sich dadurch entsprechend mehr lösen und mir „weitere Prozeduren“ dieser Art ersparen. Diese Worte sind mir Ansporn genug…

Gesagt, getan. Soña deckt mich zu und legt mir zusammengerollte Decken in den Rücken. Obendrüber dann noch ein paar Tücher. Offenbar erwartet sie eine beträchtliche Eruption und will nicht dafür verantwortlich gemacht werden, dass dieses Zimmer neu renoviert werden muss...

Plötzlich kommt ein Mitarbeiter des Charité-Transport-Services zu mir und beginnt wortlos, am Bett elektrische Anschlüsse zu entfernen. Dazu muss man wissen, dass diese Mitarbeiter oft einen Migrationshintergrund haben und unsere Sprache nur bruchstückhaft verstehen. Zu behaupten, sie wären auch sonst nicht die „hellsten Kerzen am Baum“, wäre vermessen.

Auf meine erstaunte Frage begründete er sein Tun mit: „In fumpf Minute is CäTä!“

Ich versuche ihm zu sagen, dass ich vor nur einer Minute einen Einlauf bekommen habe und dass es sich nur um Sekunden handeln könne, bevor sich hier ein „Vulkanausbruch“ ereignet.

Ich unterstelle ihm keine böse Absicht und schiebe es auf mangelndes Sprachverständnis. Er nimmt bestimmt an, dass es sich bei meiner Schilderung um eine Art Reisebericht handelt. Aber er will nur seinen Job ordentlich erledigen und pünktlich mit mir zum CT-Termin erscheinen. „CäTä – mussen punktlüsch!“ So entfernt er auch die restlichen Verkabelungen meines Bettes und löst die Bremsen. Als er sich mit dem Bett und mit mir darin tatsächlich auf den Weg aus dem Zimmer macht, nehme ich alle mir verbliebene Kraft zusammen und rufe so laut ich kann um Hilfe! Vielleicht hört mich Soña oder eine der anderen Schwestern. Ich klammere in diesem Moment der Bedrängnis nicht mal Schwester Angela aus. Meine Retterin Soña erscheint auch und macht dem Spuk ein Ende! Wie sich leicht vorstellen lässt, nicht ohne ausgiebige Proteste meines persischen Entführers. Eine Schwester schiebt mich zurück in mein Zimmer, wo der Einlauf kurze Zeit später seine bestimmungsgemäße Aufgabe verrichtet. Das ist im Krankenbett sicher nicht schön, aber für alle Beteiligten tausendmal besser als während einer CT-Untersuchung…

Ein anderer Spuk heißt Zucker. Genau genommen Diabetes. Bereits seit der ersten Not-OP verfüge ich über einen sogenannten Shaldon-Zugang. Das ist ein zentraler Venenkatheter am Hals. Das Gerät muss man sich wie eine Art Kompaktstecker vorstellen, durch den verschiedene Medien in oder aus dem Körper geschleust werden können. Also Blutentnahme, Thrombosevorsorge, Medikamente oder im Intensivbereich auch Blut und Nahrung. Alles, was intravenös oder intraarteriell verabreicht oder entnommen werden kann. Die Wirkung setzt auf diese Weise schneller ein und lässt sich genauer dosieren. Ein Zweck ist eine Versorgung mit Insulin. Anhand der verschiedensten Möglichkeiten, die so ein Anschluss bietet, ist das schon eine tolle Sache. Das erspart auch das dauernde Anstechen von Adern mit Kanülen. Aber es kann sich auch jeder gern die damit verbundene Unbequemlichkeit für den Wachpatienten vorstellen.

So frage ich eines schönen Morgens nach etwa acht Tagen einen der betreuenden Ärzte, ob wir den nicht entfernen oder verlegen könnten. Das Ding kratzt und scheuert an der Stelle, an der die Leitungen den Hals verlassen und es besteht dort natürlich auch eine erhöhte Infektionsgefahr! Ich bekomme die unerwartete Antwort: „Nein, der ist da doch wegen des Zuckers!"

Mir fallen die Augenlider runter. „Um Himmels Willen, welcher Zucker denn schon wieder? Jetzt hört doch mal damit auf! Ich denke, das hätten wir schon geklärt, als es letztens um das Diabetikeressen ging."

Anscheinend nicht. Ich frage also den diensthabenden Arzt nochmal eindringlicher: „Geht es um den Einstiegswert, der mit 179 auf dem Deckel der Akte steht?"

„Ja.

Ich finde mich in meinem Metier wieder und beginne meine Argumentationskette: Unfall, Kortison, Zuckerwerte, Folgewerte... Ich hatte mich, schon als es um den Diabetikerfraß ging, eingehend mit dem Thema befasst und mir ein solides Internet-Halbwissen angeeignet. „Doktor Google" ist seitdem immer an meiner Seite ... Ich stehe also voll im Stoff! So frage ich ihn, ob vielleicht bei der Erstversorgung Kortison gespritzt wurde. Dies tut man meistens, um die wichtigen Hirn- und Körperfunktionen aufrechtzuerhalten, denn die Leber produziert durch das verabreichte Stresshormon Blutzucker, den die grauen Zellen so dringend benötigen.

Er meint: „Ja, gut möglich. Oder sogar höchst wahrscheinlich."

„Kann das den hohen Erstwert hervorgerufen haben?"

Er antwortet erwartungsgemäß wieder mit: „Ja. Das wird wohl so sein."

Ich argumentiere weiter: „Sieht man nun ausschließlich diesen Wert, müsste man doch dringend einen viel zu hohen Blutzucker vermuten, oder?"

„Ja. Genau", stimmt er zu.

„Sehen wir uns doch mal die täglichen Folgewerte an, die jeden Morgen nüchtern gemessen werden. Was sagen die denn aus?" Ich nehme mir die Krankenakte vor. „87, 93, 95, 89, 97, 86, ... und so weiter", lese ihm daraus vor und reiche sie ihm. „Das kann man doch kaum als Diabetes bezeichnen, oder?", frage ich ihn suggestiv. Alle Werte liegen genügend unter der Zahl 110 und sind also durchaus als „normal" einstufbar. Ein nüchtern gemessener Wert von 110 bis 125 wäre schon *abnorm*, aber keineswegs besorgniserregend. Darüber spricht man bereits von einer gestörten Glukosetoleranz und diese *Diabetes Mellitus* ist behandlungsbedürftig. Werte wie der auf meinem Aktendeckel von 179 würden bereits als *ERHÖHT DRINGLICH* eingestuft werden, wie es hier geschehen ist. Gemessen wird hier übrigens in mg/dl, also Milligramm pro Deziliter.

„Nein", bestätigt er. „Das ist kein Zucker."

„Und? Können wir den Shaldon entfernen?", frage ich vielleicht etwas schnippisch.

„Ja", gibt er zu. „Ich denke, schon."

Ist das jetzt wirklich passiert? Wir können den erfahrenen Arzt tatsächlich gemeinsam davon überzeugen, dass meine Werte in Ordnung sind und ich nicht unter einer Form von Diabetes leide? Mit „wir" meine ich Doktor Google und mich.

Nur, ist das eigentlich wirklich meine Aufgabe? Muss sich der Patient wirklich selbst ein gewisses Polster an medizinischem Grundwissen aneignen, um nicht am Ende geschlachtet zu werden?

Er beginnt daraufhin mit den Vorbereitungen, den Zugang zu entfernen. Er will dies genau so lässig und hinterhältig durchführen wie schon zuvor bei der Drainage meines operierten Arms. Das lief so ab, dass er mich darauf einstimmte. „Bei *DREI* ziehen wir den Schlauch! Bereit? Bitte mal dann die Zähne aufeinanderbeißen und an was Schönes denken!" Und los ging's. Er begann zu zählen und sagte die erste Zahl: „DREI!", und der Schlauch war raus. Ich hatte keine Zeit, mich auf möglicherweise auftretende Schmerzen einzustimmen, was dazu führte, dass sich mein Körper einfach überrumpelt fühlte und mit der Schmerzempfindung so schnell natürlich nicht nachkam. Ich klatschte seine flache Hand mit „Give-Me-Five“ ab und beteuerte ihm, „Das hätte ich genauso gemacht. Genau mein Humor!"

Am Arm funktionierte das wirklich sehr gut. Nur schade, um es jetzt nicht schmerzhaft zu nennen, dass mein Hals-Kompaktstecker bei „DREI“ noch an der Haut angenäht ist. Das soll wohl ein ungewolltes Herausrutschen verhindern. Die Haut am Hals zog sich länger und länger. Wie ein Gummiband!

„Aua!“, sage ich. Dann lachen wir beide herzhaft. Er ist aber auch ein Typ, dem man nichts übel nehmen kann…

Kapitel 6
Reha

Am 22. August, also nach sechzehn Tagen, werde ich nun ins VIVANTES-Krankenhaus Prenzlauer Berg verlegt. Hier solle die sogenannte Früh-Reha stattfinden. Es ist ein wenigstens 200 Jahre altes Gebäude, über das sich bestimmt mit ein wenig tieferer Recherche so einiges aus seiner interessanten Geschichte zu Tage fördern ließe.

Einem immer wieder aufflackernden Irrglauben erlegen, lassen sich modern denkende Menschen auch heute noch dazu hinreißen, ebenfalls moderne Bereiche in diesen geschichtsträchtigen Häusern unterzubringen. Nur irgendwie liegt der Teufel im Detail. Es wird nichts. Der Kern bleibt alt, und das setzt sich bis in die Arbeit und in die dort Arbeitenden fort.

Ich komme hier per Krankentransport an. Der erste Eindruck besticht durch einen muffigen Geruch und gefühlt eintausend Zigarettenkippen, die um den einzigen Aschenbecher der offenbar eilig eingerichteten Raucherinsel drapiert sind. Sie sorgen dort für ihren typischen Gestank und ein „gepflegtes Erscheinungsbild“. Einzig schön daran ist, dass hier wirklich gar nichts wirkt wie ein Krankenhaus!

Es geht aufwärts. Auch der Fahrstuhl ist Zeuge davon, dass es sich natürlich um den Aufzug für Besucher, Patienten und zugleich für die Bediensteten handelt. Angestellte wie auch Patienten haben mit ihm den einzigen Zugang zur Raucherinsel. Die letzte Kippe wurde hier drin wohl noch von den meisten eiligst zu Ende geraucht und anschließend auf dem Fahrstuhlboden ausgetreten.

Im Zusammenhang mit diesem Haus von Patienten zu sprechen, ist eigentlich zu hochtrabend. Besser wäre wohl, sie „Insassen“ zu nennen.

Aktuell solle ich jedenfalls hier den ersten Teil meiner Wiederherstellung verbringen. Etwas verwundert bin ich darum aber schon, als ich die Hinweisschilder auf den Fluren sehe, die den Weg zur GERIATRIE weisen. Auf den Tischen des Besucherzimmers liegt unter anderem Werbung für ein nahegelegenes Hospiz aus. Die Gewölbe haben Kriege und Revolutionen gesehen. Viele Patienten sind hier im Laufe der Jahrhunderte schon geheilt worden. Oder sie haben einen anderen Ausgang genommen. Bin ich hier wirklich richtig? Wenn diese alten Mauern reden könnten... Es fehlt eigentlich nur, dass im Hintergrund die Titelmusik aus *Spiel mir das Lied vom Tod* läuft...

Vom Ambiente in ein vorstellbares Licht getaucht erreiche ich mein Zimmer. Umso überraschter bin ich, als es sich um ein Einzelzimmer mit kostenlosem Fernseher und ebenfalls kostenfreiem Telefon handelt. Das wäre mir im Traum nicht eingefallen. Hier verbringe ich nun meine ersten drei Tage, bis das Zimmer für einen Isolationsfall benötigt wird.

Dieses Einzelzimmer hat aber auch noch eine andere, ja sogar wahre „Schattenseite“. So kann der Stationsarzt Herr Dähn, ein recht junger Arzt ohne Doktortitel, meine Betäubungsmittel auf ein Fast-Null-Niveau absenken, ohne dass ich zwangsläufig mit meinem Schmerzgeschrei Unbeteiligte in die Flucht schlage. Dies soll noch eine einprägsame Erfahrung werden! Ich mache kaum ein Auge zu und kann vor Schmerzen keine Ruhe finden. Außer natürlich in genau dem Moment, als meine Freund Dieter zu Besuch kommt. Da muss ich wohl gerade in eine Art komatösen Tiefschlaf gefallen sein. Als ich aufwache, ist er jedenfalls da. Ich weiß nicht, wie lange schon. Als ich ihn erkenne durchströmt mich eine wohlige Herzenswärme. Ein richtig gutes Gefühl!

Wenig später werde ich in ein Doppelzimmer mit einem zu teilenden Fernseher und unbrauchbaren Telefon verlegt. Der schon genannte Grund ist aber frei erfunden. Nach Aktenlage bin ich plötzlich ein „Kassenpatient" und verliere damit den Anspruch auf ein solch schönes Zimmer. Später wird sich mein Status noch einmal verändern, wovon ich dann berichten werde. Mit meinem Zimmerpartner komme ich auch hier gut klar.

Bei der ersten Visite mit dem Chefarzt des Hauses spreche ich das Thema Schmerzmittel erneut an. Ich versuche ihm klarzumachen, dass ich nachts vor Schmerzen kein Auge zumache und überhaupt nicht schlafen kann. Ich hoffe auf sein Verständnis und eine neue Rezeptur meiner Schmerzmittel. Ich bekomme aber wider Erwarten eine schroffe kurze Antwort von unserem selbstverliebten Chefarzt Dr. Hirald: „Schlafen? Wird völlig überbewertet." Ich hatte mit vielem gerechnet, nur nicht mit dieser Antwort!

Im Anschluss an die Visite, von der ich restlos begeistert bin, frage ich unseren Herrn Dähn noch mal nach Schmerzmitteln. Leider macht er mir klar, er könne sich nicht so einfach über seinen Chef hinwegsetzen. Mit diesem Statement verlässt er die Szenerie mit gestresstem Gesicht und schließt die Zimmertür hinter sich. Auch von ihm kann ich wohl kein Verständnis oder besser noch Medikamente gegen meine Schmerzen erwarten…

Es dauert jedoch nur circa eine Minute und er steht wieder in der Tür. Diesmal hat er Sorgenfalten auf der Stirn, vermischt mit einem gleichzeitigen Ausdruck von aufflackernder Wut. Mit den Worten „Wir machen jetzt mal was … Für so einen Mist bin ich nicht Arzt geworden!" verordnet er mir wieder Schmerzmittel und verabreicht mir die ersten Dragees sofort.

Da es noch immer recht warm ist, stellt mir Kirsten wie zuvor in der Virchow-Klinik den mitgebrachten Dyson-Ventilator wieder auf. Sofort eilt eine der älteren Semester der diensthabenden Krankenschwestern herbei und untersagt uns den Anschluss eines nicht im Vivantes geprüften Gerätes an Steckdosen des Hauses. Im Übrigen ist es noch derselbe Ventilator und dieselbe Schwester wie im Einzelzimmer, wo sie nichts gegen seinen Betrieb einzuwenden hatte.

Gut, von nun an wird eben geschwitzt. Ist ja auch viel schöner! Erst recht, wenn das Waschen schwer fällt …

Der gesamte Umgangston ist außerhalb der Einzelbehausung um einige Nuancen rauer. Auch wenn es im Eigentlichen eine Geriatrische Station ist, gehört sich meiner Meinung nach ein respektvoller Umgangston zwischen Schwestern und Patienten. Und zwar beiderseitig! Aber vermutlich sind gerade die älteren Bediensteten infolge ihrer vielen Geriatriejahre sehr abgestumpft. Vielleicht ist das Phänomen den besonderen Umständen einer solchen Abteilung geschuldet. Auf einer derartigen Station liegen zumeist ältere und oft verwirrte Patienten und sehen einem nicht so vielversprechenden Ende entgegen. Zwar müsste gerade diesen Menschen, die ihr Lebenswerk geleistet haben, wesentlich mehr Respekt gezollt werden, aber die länger hier beschäftigten Schwestern machen eher einen recht angewiderten Eindruck. Schade! Aber es gibt, das muss auch gesagt werden, einige Pflegekräfte in diesem Bereich, die sich wirklich Mühe geben und viel Wert auf Menschlichkeit legen! So zum Beispiel der russische Pfleger Ruslan, ein wahrer sibirischer Tiger! Er hat die Kraft von drei erwachsenen Männern und ist auch ohne viele Worte sehr hilfsbereit! Oder auch ein junger Praktikant und die schüchterne türkische Schwester. Diese drei Menschen sind wirklich gute Seelen und immer um einen netten Umgangston und freundliche Zwischenmenschlichkeit bemüht!

Die meisten der älteren erfahrenen Schwestern sind auch gut drauf. Es gibt aber immer und überall einzelne Totalausfälle, die weniger Empathie im Umgang mit ihren Mitmenschen aufbringen können.

Dankbar bin ich in diesem Haus in erster Linie dem Team der Physiotherapie! Rico, Colline und den anderen merkt man an, dass sie Spaß und Freude an ihrer Arbeit haben. Sie nehmen sich die Zeit immer, wenn es geht, mich mit Übungen anzuleiten oder auch die Lymphdrainage durchzuführen. Die Herzlichkeit dabei ist, wie ich meine, nicht vorgespielt!

Genau diese Therapeuten sind es auch, die mir ein entscheidendes Stück Menschlichkeit und Lebensfreude zurückgeben. Sie starten jetzt den Versuch, mich auf die Beine zu bekommen. Das beginnt Schritt für Schritt, zuerst mit dem Hinsetzen auf der Bettkante. Damit habe ich zwar einschlägig schlechte Vorerfahrungen noch aus dem Virchow-Klinikum, aber in meiner Zeit im Einzelzimmer konnte ich genau das in schlafloser Nacht üben. Umso erstaunter sind meine Physios, als ich das fast ohne Hilfe bewerkstellige. Der zweite Schritt ist der Rollstuhl, in den ich von der Bettkante aus fast nahtlos herüber gleiten kann. Auf dem langen Flur angekommen, offerieren sie mir, wenn ich das schon alles könne, versuchen wir heute schon mal was ganz anderes! Sie wollen dann lieber versuchen, mich mit dem *TOPRO TAURUS* aufzurichten. Hört sich martialisch an und ist natürlich nur als Versuch gedacht. Der Apparat ist eine auf Rollen gelagerte Steh- und Laufhilfe. Er erleichtert auch das Aufrichten durch seine hydraulische Hebevorrichtung. Die Unterarme ruhen dabei auf gepolsterten Flächen und man hält sich mit den Händen wie an senkrecht stehenden Fahrradgriffen fest. Wenn man die auch an ein Fahrad erinnernden Bremsgriffe zieht, rollt das Gerät auch nicht weg und bietet einen sicheren Stand.

Es klappt tatsächlich! Was für ein tolles Gerät! Ist das ein großartiges Gefühl! Nach dieser langen Zeit! Ich habe Beine aus Quark und mein Kreislauf muss dem natürlich auch erst schrittweise folgen, aber dann gelingt es mir auch allein. Ich stehe ein wenig wie besoffen auf den eigenen Füßen. Aber das ist allemal besser als das inzwischen gewohnte Liegen. In den nächsten Tagen werde ich danach regelrecht süchtig! Es hilft mir auch durch die Bewegung der eigenen Muskeln, die immer wieder auftretenden Lymph-Schwellungen abzubauen.

Denkt man in dem Zusammenhang noch mal kurz an die Geschichten rund um Bettpfanne, wird man schnell auf eine immense Steigerung der Lebensqualität kommen...

Fast am Ende meiner Zeit im Vivantes bekomme ich Besuch von meinem BG-Manager. Wir besprechen einige Details meiner Behandlung und ändern auch meine Verlegung in die stationäre Reha nach Hoppegarten, die eigentlich nach Sommerfeld geplant war. Bei dieser Gelegenheit gibt es auch eine Unterredung zwischen ihm und meinem Stationsarzt. Dem wird nun auch plötzlich klar, dass die Deckung meiner Behandlungskosten nicht die Krankenkasse übernimmt, sondern durch die Berufsgenossenschaft getragen wird.

Von nun an ändert sich einiges und jemand muss einen unsichtbaren Schalter umgelegt haben. Man bemüht sich plötzlich sehr um all meine Belange und versucht auch alles auszuschöpfen, was Erfolg verspricht und vor allem die Kassen der Klinik füllt. So steht zum Beispiel plötzlich eine ungeplante Röntgenuntersuchung auf dem Plan. Man holt mich ab und schiebt mich wie schon öfter in die Radiologie. Ich sitze zu diesem Zweck wieder im Rollstuhl. Ich fahre mit dem Gerät an den Röntgentisch und lege wie schon beim letzten Mal den linken Arm darauf. Das sind ja inzwischen Routinerituale für mich. Aber die Schwester kommt dazu und meint, ich solle doch den Oberkörper freimachen. Das wirft natürlich eine Frage bei mir auf, die ich ihr sogleich stelle: „Warum das denn?“

Jetzt schaut mich die Röntgenassistentin mindestens so verwundert an wie ich sie. „Fürs Arm-Röntgen?“, will ich wissen. Sie sagt, dass dies zum Lunge-Röntgen notwendig sei.

„Lunge-Röntgen?“, frage ich erneut! „Das muss ein Irrtum oder eine Verwechslung sein! Ich habe eine Becken- und eine Lendenwirbelfraktur und dazu noch einen Unterarmbruch!“

Sie sieht nochmal in der Akte nach, bestätigt dann jedoch die zu durchleuchtende Lunge im gewohnt herzlichen

Prenzlauer Berger Umgangston: „Also jetz bitte ma freimachn! Wir ham hier nich den janzn Tach Zeit! Schließlich sindse ja hier nicht der Einzje."

Ich wehre mit einem entschiedenem „NEIN!" ab. „Ich werde das nicht tun! Arm und Becken im Rahmen der Notwendigkeiten gern. Aber keine Lunge!" Ich bin einfach nicht bereit, eine durch Strahlen mit Nebenwirkungen behaftete Untersuchung über mich ergehen zu lassen, deren Notwendigkeit mir nicht glaubhaft dargestellt werden kann! Ich erkläre ihr und später auch dem Stationsarzt, dass ich nicht das Versuchskaninchen spielen werde, nur weil jetzt plötzlich jemand da ist, der bereitwillig alles bezahlt!

Ich muss mich daraufhin „Behandlungsverweigerer" nennen lassen...

Hier gibt's ja für alles einen schönen Namen. Aber welchen finden wir für die Schwestern? Es gibt natürlich positive Ausnahmen und es wäre ungerecht, hier alle pauschal zu beschuldigen. Aber diese motivierten Pflegerinnen und Pfleger geraten hier zur Ausnahme und haben es bestimmt nicht immer leicht. Besonders die langjährig beschäftigten Schwestern verriegeln sich hier im einzigen für Menschen mit Körperbehinderung zugänglichen Bad, um am offenen Fenster gemeinsam zu rauchen. Als Ergebnis stehen dann die Fenster mit deutlich nikotinvergilbten Rahmen offen und es stinkt entsetzlich im Raum. Natürlich leugnen sie das vehement und lassen uns ihre Verärgerung über unseren Einwand spüren. Sie lassen sich zum Beispiel extrem Zeit, wenn sie nachts gerufen werden oder wenn wir Schmerzmittel benötigen. Als Krönung ist das Bad, wenn wir es mal brauchen, eiskalt. Dies gehört zu den schönen

Erlebnissen hier im „Siechhaus“! Wer kennt, bezogen auf den Chefarzt des Hauses, nicht das Sprichwort, *Der Fisch beginnt am Kopf zu stinken* oder *Wie der Herr, so das Gescherr!*?

Kurz vor dem 14. September, dem geplanten Verlegungsdatum vom Siechhaus Prenzlauer Berg zur eigentlichen Rehaklinik, kommt mich mein Reha-Manager der Berufsgenossenschaft noch einmal besuchen. Er nimmt diesmal ein paar Daten auf und fragt verschiedenes ab, um die Reha zu starten und mich verlegefähig zu machen. Unter anderem braucht er Maße für einen angepassten Rollstuhl. Auf meinen Wunsch bestellt er für mich auch den gleichen Geh- und Aufstehwagen *TOPRO TAURUS*. Nur gleich mal in der Premiumversion mit verbesserter Bremse. Wirklich ein super Gerät!

In Hoppegarten angekommen, muss ich das neue Umfeld erst mal auf mich wirken lassen. Es macht auf mich den ersten Eindruck zwischen Businesshotel und Privatklinik. Empfangslobby wie im Hotel, Cafeteria, oberflächlich ein gepflegter Gesamteindruck, aber ohne den typischen aufdringlichen Klinikcharakter.

Im Vivantes konnte ich mir beispielsweise die Füße kaum selbst reinigen. Jetzt bin ich schon etwas beweglicher und nutze ich sofort nach Bezug meines Appartements die Möglichkeit, im innenliegenden Bad eine ausgiebige Ganzkörperpflege durchzuführen. Endlich duschen! Haare mal waschen, die Füße wie gesagt und natürlich den großen Rest. Den natürlichen Geruchs- oder vielleicht schon Gestanksquellen muss ich hierbei einfach nur folgen...

Ich fühle mich endlich wieder sauber und als Mensch. Also als halbwegs gepflegter.

Und wie das Leben so spielt, werde ich keine fünf Minuten nach Vollendung der Prozedur über den zentralen Rufdienst zur Stationsärztin ausgerufen. Frau Tatjina ist eine ukrainische Ärztin. Sie vermisst meine Gliedmaßen in Umfang, Länge und Winkel der Beweglichkeit und befragt und befühlt mich, wie es die Aufnahmeprotokolle vorsehen.

Ich bezweifle, dass sie vor meiner wirklich überfälligen Gesamtreinigung auch nur den Bruchteil ihrer Freude am Beruf hätte aufbringen können. Gleichzeitig würden für mich die Peinlichkeiten über alles Denkbare hinausgehen.

Mein Erkerzimmer ist großzügig geschnitten und etwa anderthalb Meter länger als die sonstigen! Ich hatte sogar für den Fall, dass mal Besuch übernachten möchte, ein weiteres Bett in meinem Zimmer. Auch die schon erwähnte geräumige Dusche ist vorhanden! Es erinnert im ersten Moment eigentlich mehr an den Schnitt eines Business-Hotelzimmers, wie schon zuvor in der Lobby. Nur nicht annähernd so farbenfroh. Mein Zimmer liegt in der zweiten Etage.

Noch nie zuvor, abgesehen von den Physios im Vivantes und den Therapeuten in der Virchow-Unfallchirurgie, hatte ich bislang in irgendeiner Form mit Physiotherapie zu tun. Abgesehen von einer Wärmebehandlung und Reizstrom nach einer kleineren Schulterverletzung im Jahre 2000. Ich habe nicht mal eine genaue Vorstellung davon, was sich hinter diesem Berufsbild verbirgt. Demzufolge hatte ich auch noch in keiner Weise die Gelegenheit, diesen Leuten eine angemessene Achtung entgegenzubringen. Das soll sich nun aber im Verlauf meiner Erfahrungen ändern.

Meine erste Begegnung zuvor im Virchow-Klinikum mit zwei Damen dieses Berufsstandes war jedoch nicht so eine positive Erfahrung. Ich nenne sie nach meiner ersten Therapie oder nach dem, was sie dafür hielten, „die schrecklichen Schwestern“. Nicht, weil sie so aussehen, sondern weil sie mir unsagbare vermeidbare Schmerzen zufügten. Ich machte mich aber im Verlauf der Behandlung aus dem Staub. Also nicht wirklich, sondern indem ich mich in eine kleine Bewusstlosigkeit flüchtete. Warum das? Die *schrecklichen Schwestern* hatten sich in den Kopf gesetzt, mich zwei oder drei Tage nach meiner Beckenoperation auf die Bettkante zu setzen. Sie meinten, ich müsste das. Die wahnsinnigen Schmerzen, die das verursachte, waren ihrerseits kein ausreichender Grund, das Vorhaben abzubrechen. „Wat mutt, dat mutt…!“

Das sollen aber die einzigen negativen Erfahrungen mit den Physios bleiben. Von nun an wird sich meine Einstellung den Therapeuten gegenüber grundlegend ändern.

Im schon ausreichend beschriebenen Vivantes, von mir liebevoll auch passend *das Siechhaus* genannt, gibt es die schon beschriebene hervorragende physiotherapeutische Abteilung. Sie hinterlässt einen bleibenden positiven Eindruck bei mir.

Dann setzt sich die Reha-Aufnahme in Hoppegarten fort. Es wird erst mal ein Behandlungsplan erstellt. Als eine der ersten Therapieanwendungen steht *Krankengymnastik – Herr Rothe* in meinem Plan.

Wir sind uns ab dem ersten Augenblick sympathisch und landen augenblicklich beim *Du*. Gunnar hat die Stelle auch erst seit Anfang September. Was natürlich nicht heißen soll, dass er im Fach unerfahren ist. Im Gegenteil! Ich halte ihn für einen der besten. Dafür liefert er mir auch eine sehr beeindruckende Demonstration.

Es geht darum, ob ich eventuell noch eine Operation an der Wirbelsäule und am Rückenmark zu erwarten habe. Um dies genauer zu untersuchen, wurde durch das Vivantes Prenzlauer Berg ein neurologisches Konzil im Vivantes Friedrichshain einberufen. Zu diesem Zweck beschäftigten sich einen ganzen langen Tag mehrere Neurologen mit mir. Klopften den Rücken und die Beine mit Hartgummihämmern ab, berieten sich, kamen wieder und klopften weiter. Anschließend ließ man mich eine Zeitlang in Ruhe, um nach einer Weile wieder an mir herumzuhämmern. Ich musste langsam annehmen, dass sie mir einen Schrank an den Rücken nagelten. Am späten Nachmittag stand dann das Ergebnis fest. Man war man sich nicht sicherer als zuvor, ob die Nerven, die den Fußhebermuskel ansteuern, möglicherweise eingeklemmt oder teilweise durchtrennt sind und deshalb die Reizweiterleitung unterbrochen ist. Man hat also keine wesentlichen Erkenntnisse dazu gewonnen.

Gunnar lädt mich hierfür auf seine Therapieliege ein. Wir besprechen die Thematik. „Operieren?“, fragt er. „Das wollen wir erst mal sehen!“ Er bittet mich, ihm zu zeigen, welcher Bewegungsumfang mir aus eigener Kraft möglich ist. Das ist natürlich wirklich sehr wenig.

„Gut“ meint er. „Jetzt schließ mal die Augen und konzentriere dich ausschließlich auf deinen linken Fuß! Und jetzt bewege diesen auf und ab, so wie du beim Auto bremst und wieder loslässt!“ Nun übernimmt er mit den Händen den Rhythmus des linken Fußes auf den rechten Fuß. Mit der Zeit verquatschen wir uns. Wir sprechen über Autos, Motorräder und einiges andere. Es ist ein interessantes, aber auch lustiges Gespräch. Irgendwann denke ich, dass die Behandlungszeit bald vorüber ist. Also frage ich ihn, ob wir uns nicht noch ein wenig um meinen Fuß kümmern wollen. „Dann mach doch jetzt mal die Augen auf!“, sagt er und ich tue es. Ich kann sehen, dass sich beide Füße in gleicher Weise bewegen. Natürlich der rechte nicht im vollen Umfang des linken. Also genau genommen ein ganz kleines Stück. Ein zu erahnender Ansatz. Aber er bewegt sich! Und das ist sensationell! Jedenfalls für mich. Gunnar ist bestimmt recht unaufgeregt, was dafür spricht, dass er den Verlauf so erwartet hat. „Da muss nichts operiert werden! Das braucht viel Zeit, eine Menge Therapie und deinen starken Willen! Da könnte man durchaus was hinbekommen. Vielleicht nicht hundertprozentig, aber eine deutliche Verbesserung.“

Ich kann ihm gar nicht antworten. Ich habe einen dicken Kloß im Hals und die Ansätze kleiner Tränchen in den Augenwinkeln. Ich bin auf jemanden getroffen, der an dem, was er tut, Freude hat! Das bezeichne ich gern als den „Unterschied zwischen Job und Beruf“. Ein Schlüsselerlebnis!

Das heißt natürlich nicht, dass die anderen Therapeuten keine solchen Fähigkeiten besitzen. Wir hatten vielleicht nur nicht die Gelegenheit, dies in einer ähnlichen Situation sichtbar zu machen.

Kurze Zeit später wechsle ich zu meiner lieben persönlichen Physiotherapeutin Viktoria. Oder wie ich sie wegen ihres Familiennamens liebevoll nenne: *Klausi-Mausi* … Nicht freiwillig! Das wird durch die Planung der Klinik bestimmt. Wahrscheinlich, weil Gunnar mit seinen englischen Sprachkenntnissen für einen kuwaitischen Reha-Gast und seine Familie gebraucht wird.

Sie ist immer sehr um mich bemüht und ich glaube, wir haben uns ganz gut angefreundet. Ich fühle mich jedenfalls zu jedem Zeitpunkt richtig gut aufgehoben. Wenn mir mal wieder Schmerzen den Tag versüßen, entspannt sie mich mit einer *Heißen Rolle*. Oder wir weichen dem Therapieplan entsprechen auf andere Aktivitäten aus. Zwischendurch können wir uns immer gut unterhalten. Der Abschied nach der doch relativ langen Zeit fällt dann dementsprechend emotional aus. Kirsten hat mir liebevollerweise noch einen Apfelkuchen gebacken, den ich ihr und den anderen Kollegen mitbringe.

Das Team der Therapeuten besteht jedoch nicht ausschließlich aus Physio-, sondern auch aus Ergotherapeuten! Ihnen ist genau so viel Bedeutung zuzumessen wie ihren Kollegen! Ich glaube, viele Menschen unterschätzen das. Und auch ich gehörte bis vor kurzem dazu.

Ich lerne hier wirklich liebenswerte Ergotherapeutinnen kennen. Das heißt, eine von mir besonders geschätzte kenne ich bereits aus dem Vivantes. Sie absolvierte dort ihr Praktikum. Ja, man sieht sich immer zweimal im Leben! Das bewahrheitet sich hier einmal mehr.

Wir verbringen in den über drei Monaten eine Menge Therapiestunden zusammen. Manchmal anstrengend, aber das fordert ja die Heilungskräfte heraus. Aber die Strapazen werden durch viel Einfühlungsvermögen gemildert. Und durch wirklich nette Gespräche entwickeln sich diese Termine zu den Highlights meines Behandlungsplans. Ich freue mich immer, wenn Raum 109 im Programm steht.

Franzi Bär verdanke ich auch, dass ich Gefallen am angebotenen Korbflechten gefunden habe. Anfangs sollte es nur ein Körbchen zum Ausprobieren sein. Aber es ist natürlich zur Wiederherstellung der motorischen Fertigkeiten meiner linken Hand gedacht. Daraus wird schon bald so etwas wie eine Art Bastelstunde im positivsten Sinne. Ich habe immer Lust am Ausprobieren und Spaß an der Flechterei! So entsteht zum Beispiel eine Anzahl von Brotkörbchen in Herzform, die ich lieben Mitmenschen schenke. Den ersten bekommt Kirsten!

Nun aber komme ich an einen Punkt, an dem ich im Verlauf der Therapie nicht glücklich bin. Wir verlassen hierzu mal die Chronologie und drehen die Zeit um einige Wochen zurück.

Es ist Anfang Oktober, also bin ich nun seit etwa zwei Wochen hier. Der Chefarzt der Rehaklinik hat ein Gespräch zur weiteren Reha-Planung auf die Agenda gesetzt. Grundlage hierfür sind natürlich neuere, aktuelle Röntgenbilder. Also werden die am Vormittag noch rasch erstellt.

Nach dem Mittagessen findet dann die Besprechung mit dem Berufsgenossenschaftsmanager und dem Chefarzt statt. Ich werde in sein Büro gebeten, nachdem der Chef, die Stationsärztin und der BG-Manager eine kurze Unterhaltung ohne meine Anwesenheit miteinander hatten. Er eröffnet mit der Frage: „Haben Sie Beschwerden? Tut Ihnen irgendetwas außergewöhnlich weh?“

„Nein, mir tut nichts mehr als den Umständen entsprechend normal weh. Nur knurpscht es bei bestimmten Bewegungen im Rücken“, sage ich.

Er zeigt mir das Röntgenbild vom Vormittag. Es zeichnet sich ein deutlicher Spalt zwischen den beiden Hälften der gebrochenen Platte ab, die sich vorn über die Symphyse von Seite zu Seite des vorderen Beckenrings zieht. Genau unten mittig klafft sie auseinander.

Mir zieht im gleichen Moment ein unheimlicher eiskalter Schauer über den Rücken! Ist das die Wahrheit? Mir läuft einiges wie ein Zeitrafferfilm vor den Augen ab. Sollte jetzt die ganze Prozedur noch mal ganz von vorne anfangen? Wieder eine Beckenoperation? Wieder mit dieser Vollnarkose, an die ich so schreckliche Erinnerungen habe? Wieder diese Schmerzen, wieder diese Verdauungsstörungen und die schrecklichen Schwestern? Und dann wieder nach Prenzlauer Berg ins Siechhaus? Mir schießen die schwärzesten Gedanken durch den Kopf!

Am 04. Oktober werde ich dann zu einer eingehenden Untersuchung und Begutachtung des Implantats ins Virchow gebracht. Meine Allgemeinverfassung ist deutlich im Keller, wo sich zu diesem Zeitpunkt auch meine Stimmung aufhält. Man könnte sagen, ich befinde mich dort im Untergeschoss in bester Gesellschaft …

Egal, denke ich. Jetzt bin ich hier und kann nur all die Dinge auf mich zukommen lassen. Schön ist anders, aber was soll's... Eine starke Gleichgültigkeit macht sich in mir breit. Nicht nur bei der Schmerzbewältigung, sondern auch der Verarbeitung dieses psychischen Drucks helfen mir meine kleinen Freunde Oxycodon und Paracetamol und machen mir das alles erträglicher...

Der erste Schritt ist erledigt. Das Röntgen...

Meine Ärztin wird sich meiner gleich annehmen. Sie betreut mich schon seit meinem ersten Tag im Virchow und war auch bei den Operationen zugegen. Ich bin trotz meiner Duldungsgleichgültigkeit auf das Ergebnis gespannt...

Nun werde ich aufgerufen. Die Assistenzärztin und noch ein anderer Facharzt für Muskuloskeletale Chirurgie, die ich beide auch schon von meinem ersten Klinikaufenthalt kenne, werten die neuen Bilder aus und untersuchen mich eingehend. Sie prüfen den Status der Heilung mit ein paar Belastungen aufs Becken in verschiedene Richtungen und stellen mich dann sogar auf eigene Füße. Mit Unterstützung der beiden muss ich ein paar Schritte laufen, wenn man das überhaupt so nennen kann. Es ist ganz schön wackelig. Ausgerichtet ist die Untersuchung darauf, ob die Symphyse unter Belastung wieder aufbricht oder nicht. In dem Moment ist mir das nicht bewusst, sonst würde ich mich so gut es geht schonen. Die zentrale Frage dabei ist, ob im vorderen Bauchraum etwas außergewöhnlich schmerzt. Es treten aber keine überdurchschnittlichen Schmerzen auf, obwohl das nach den Eingriffen und dem Verschrauben des Beckens schwer zu trennen ist. Die Symphyse hält diesen Prüfungen bereits auch ohne die Stützfunktion des Metallimplantats stand. Sonst hätte ich von hier aus gleich den Abzweig zum OP genommen.

Der Facharzt übernimmt nach kurzer Abstimmung der beiden das Wort: „Wir behandeln keine Bilder, sondern jeden Patienten dahinter individuell. Solange dadurch keine Schmerzen verursacht werden, soll weiter mobilisiert werden. Wenn es welche gibt, müssen wir uns sehen."

Die Nachkontrolle ist jetzt in ca. vier Wochen auf Termin gesetzt. Und die Worte „…müssen wir uns sehen" klingen in meinen Ohren lange nach. *Sehen* heißt in diesem Fall *operieren…*

Ich hoffe inständig, dass ich mit diesem Stand ohne Zwischenfälle weiterkomme. Niemand kann glauben, wie groß die Klamotte ist, die in diesem Moment von meiner Seele fällt!

Mir ist natürlich klar, dass es sich hier nur um eine Momentaufnahme handelt. Dieses Damoklesschwert pendelt weiterhin über mir. Ich versuche, keine Fehltritte zu machen und mich absolut kontrolliert zu bewegen. Ich weiß nicht, ob das der richtige Weg ist, aber es erscheint mir so. Nur alles tun, um einem erneuten Aufschneiden zu entgehen!

Aber wenn in drei Wochen Schmerzen auftreten, würde mich eine erneute Operation genauso ereilen und meine Genesungszeit nach hinten ausdehnen. Vielleicht sogar noch mehr, als wenn ich jetzt gleich zwischen Tisch und Messer käme.

Wie auch immer, ich habe schlicht und ergreifend Angst davor und bin fast zu keinem klaren Gedanken mehr fähig! Hätte jeder, aber es kann durchaus sein, das ich dieses Thema zu nah an mich heran lasse und meine Angst dadurch übersteigere. Irgendwie ist mein logisches Denkvermögen in dieser Sache im Leerlauf. Oder zurzeit in allen Dingen? Gibt es ein Verblödungssyndrom?

Jetzt habe ich eine Woche überstanden. Ich versuche seit der Untersuchung im Virchow keinen einzigen unbedachten Schritt zu machen. Keine ruckartige Drehung und nicht noch schnell in den Fahrstuhl springen. Alles auf Sicherheit. Jede Bewegung vor deren Ausführung genauestens planen!

Die Angst, doch noch mal auf die Schlachtbank zu müssen, ist allgegenwärtig. Ich will einfach nicht! Ist das so schwer zu verstehen? Denn das hieße ja gleichzeitig, wieder mehr oder weniger ganz von vorn anzufangen. Also Operation, Liegezeit, allmähliche Heilung, wieder Reha-

Vorbereitung und schließlich irgendwann Reha. Das ganze Programm. Ein Albtraum!

Wenn sich nur das Leben verändert, ist das in vielen Teilen nicht angenehm. Verbunden sind damit viele Entbehrungen und ein langer Kampf durch Therapien und deren vorausgehende Operationen. Das will ich hier gar nicht noch mal im Einzelnen vertiefen. Aber nicht jeder kommt nach einem Unfall in den ‚Genuss', diese Strapazen überhaupt auf sich nehmen zu können. Wer denkt schon jeden Tag daran, dass der Weg zur Arbeit, die Fahrt zu Freunden oder der Ausflug am Wochenende anders als erwartet enden könnte? Erst recht nicht, dass es noch folgenreicher sein kann. Ein einziger Moment, der anders verläuft als gedacht, verändert einfach alles!

Es ist immer noch Mitte Oktober. Ein gerade ausgelernter Azubi unserer Firma fährt mit seinem Motorrad zur Arbeit in einen unserer Filialbetriebe. Auch er kommt nicht an seinem Ziel an. Nicht weit von meinem Unfallort ereignet sich wieder ein Unfall mit ähnlichem Muster. Auch er wird von einem plötzlich vor ihm abbiegenden Auto überrascht und kollidiert mit ihm. Noch am Ort des Geschehens muss er reanimiert werden. Bis dahin vergehen, wie mir Kollegen aus der genannten Filiale später berichten, fast zehn Minuten. Dadurch sind bereits irreparable Schäden nicht mehr auszuschließen. Sein Vater, so erfahre ich, sitzt kurze Zeit später im Kaffeebereich des Kundenraums und betet mit tränenüberströmtem Gesicht, dass sein Sohn nicht als lebende Leiche an einer Maschine endet. Dann lieber tot! Makaber und fast unvorstellbar! Aber sein Wunsch wurde erhört und von höherer Stelle akzeptiert. Der Neunzehnjährige verstirbt in der gleichen Nacht im Krankenhaus an den Folgen seiner Verletzungen…

Diese Nachricht erreicht mich, als ich bereits in der Median-Klinik zur Reha gastiere. Ich kannte den Mitarbeiter kaum. Nur ein oder zwei Mal vom Sehen. Aber das trifft mich tief und erschüttert mich bis ins Mark! Mir wird in dieser Sekunde erst voll bewusst, wie es mir selbst hätte ergehen können. Unfassbar! Mir stellt sich eine Gänsehaut auf, wie ich sie zuvor noch nie hatte!

Was zeigt uns das? Genau! Jeden Tag kann uns so etwas passieren, obwohl wir solch ein ernstes Thema für uns ausblenden. Wir alle sind Meister im Verdrängen und niemand will ständig daran denken. Das würde uns nur blockieren. Aber hin und wieder muss man sich bewusst machen, wie viel das Leben und die körperliche Unversehrtheit wert sind. Nur so kann man die eigenen Handlungen in die entsprechende Verhältnismäßigkeit stellen und hin und wieder überlegen, ob das eine oder andere vermeidbare Risiko wirklich eingegangen werden muss. Sicher brauchen wir alle eine Portion Spaß. Ohne Frage! Aber dann immer in erhöhter Wachsamkeit. Wir müssen immer für die anderen mitdenken und in Bruchteilen von Sekunden die richtigen Entscheidungen treffen. Egal, ob beim Motorradfahren, beim Skifahren oder im normalen Alltag. Vor allem dürfen wir den Respekt vor dem Leben nicht verlieren. Nicht vor dem eigenen, aber auch nicht vor dem der anderen.

Was auch immer passiert, ein Blick nach rechts und links lässt uns eine gewisse Orientierung bekommen. Ich werde mir durch dieses Ereignis und die Schilderungen anderer Rehapatienten bewusst, dass es schlimmer hätte kommen können. Deutlich schlimmer!

Eine Menge Emotionen bewegen mich, seit ich im August aus der ersten Notoperation erwacht bin. Viele Freunde sind für mich da und geben mir Halt! Der wichtigste Eckpfeiler ist aber meine liebe Frau Kirsten. Einerseits um uns auszutauschen, andererseits um meine geschundene Seele von verschiedenen Belastungen zu befreien. Dass aber auch ihre Seele darunter leidet, ist mir in diesem Moment noch nicht klar. Ich sah anfangs nur mein Leiden und deshalb unterläuft mir ein grober Fehler. Ich rede mir alles vom Gemüt, jedoch zu ihren Lasten. Mein gesamter Gedankenmüll sucht sich nun in ihrem Kopf einen Raum. Damit ist wirklich niemandem geholfen und es ist auch nicht meine Absicht, sie damit zu belasten! Ich bin in der Situation vielleicht zu sehr auf mich selbst fixiert.

Den Weg, den diese Gedanken beschreiben, muss man sich vielleicht so vorstellen: Diese Dinge verlassen meinen Mund und mir geht's tatsächlich besser, weil sie mir zuhört. Sie wandern in ihre Ohren, geistern durch ihren Kopf und stiften dort ein Gefühl von Betroffenheit, aber gleichzeitiger Hilflosigkeit. Die Folge ist, ihr geht's schlechter, weil nun sie von diesen Gedanken gequält wird. Wie stellen wir es also an, selbst den Kopf klar zu bekommen und den Zuhörer nicht bis auf den Boden seiner Gefühle herunterzuziehen? Muss ein Dritter her? Ein Psychologe vielleicht? Jemand, der diesen Gedanken- und Emotionsschrott in sich aufnimmt und dann fachgerecht dem Recycling zuführt?

Gleich zu Beginn der stationären Reha werden mir vom Chefarzt verschiedene Dinge verordnet. Darunter ein Offenbacher Winkel, der das Hängen des Fußes auffangen soll und darum im Schuh getragen werden muss. Neben anderen schönen Dingen aber auch Kompressionsstrümpfe. Im Volksmund auch gern Thrombose- oder Stützstrümpfe genannt. Diese halterlosen und oberschenkelhohen sind nicht nur überaus sexy anzuschauen, sondern auch extrem eng. Anders könnten sie natürlich ihrer Aufgabe auch nicht nachkommen, Stauungen im Bein zu vermindern. Das Anziehen schafft man nur mit einer sogenannten Anziehhilfe, einem stabilen Drahtgestell, über das der zuvor gewendete Strumpf in voller Länge gezogen wird, um dann mit einiger Kraftanstrengung in ihn ‚einzusteigen'. Eine allmorgendliche Prozedur, die mir in der derzeitigen Unbeweglichkeit einiges an Zeit und Kraft abverlangt.

Das abendliche Ausziehen erfordert auch Hilfe der Schwestern und ist sehr schmerzhaft. Die nervlichen Miss- oder Fehlempfindungen lassen mich die Hautoberfläche der betroffenen Areale so erleben, als wäre sie dritten Grades verbrannt. Das Herunterziehen des Strumpfes gleicht daher jeden Abend einer Häutung des rechten Beines.

Mitte Oktober bemerke ich kleine Veränderungen auf meiner Haut. Insbesondere an den Stellen, an denen die Kompressionsstrümpfe ihren oberen Halterand haben. Dort sind sie mit einer Art Silikonnoppen besetzt, um ein zu schnelles Herunterrutschen zu verhindern. Diese Stellen röten sich und beginnen auch bald reichlich zu jucken. Ich nehme vorerst an, ich hätte sie vielleicht nicht richtig gespült, nachdem ich sie wie jeden Tag gewaschen habe. Deshalb messe ich dem keine besondere Bedeutung bei. Sollte ich aber besser tun!

Die Ausschläge bleiben nicht an diesen Stellen, sondern setzen sich recht bald in der Nierengegend und am Brustbein fort. Schnell verbreiten sie sich dann auch im Gesicht und auf den Armen. Dann sind schließlich auch die Beine und der Rücken befallen. Alles juckt wie irre! Als besonders lästig erweist sich dann noch, dass sich diese Pusteln auch in den Fuß- und Handinnenflächen bilden. Hier verursachen sie nicht nur Juckreiz, sondern auch schmerzhafte Schwellungen. Etwas mit der Hand greifen wird dadurch eine schmerzhafte Angelegenheit. Genau wie das Auftreten. Ich denke aber noch immer, es ginge alles wieder schnell von selbst weg. Leider einer von vielen Irrtümern.

Jetzt ist er da, der Tag, dem ich so entgegen fürchte. Der 02. November, immer noch des gleichen Jahres. Heute steht der Termin im Virchow an, bei dem über mein weiteres Reha-Schicksal entschieden werden soll. Genaugenommen ist es die Nachkontrolle meiner gebrochenen Implantatsspange, die die Symphyse stabilisieren sollte.

So beginnt mein Tag heute schon um fünf Uhr dreißig, da ich um sieben Uhr bereits mit dem Transport abgeholt werden soll. Anstatt zu frühstücken, steckte ich mir ein paar Zwiebäcke ein, zwei Äpfel und eine Flasche Apfelschorle. Beim letzten Besuch im Virchow vor vier Wochen war es ja ähnlich, Gott sei Dank hatte ich mir eine Schachtel Kekse eingesteckt, um nicht zu verhungern.

Meine Gefühlswelt kann ich kaum beschreiben. Wie beim ersten Termin bin ich in einer Art Duldungsstarre. Ich bin an dem Punkt, an dem sie mit mir alles ohne Widerstand antun könnten. „Vierteilen? Guillotine? O.K., macht ruhig …!“ Ich habe die letzten Tage genau darauf hingearbeitet. Ich habe mich total verrückt gemacht und auch meine Besucher. Auch meine liebe Frau habe ich in dieses Stimmungstief mit heruntergezogen. Der Grund dafür ist, dass über mir immer noch diese wabernde Blase der Ungewissheit schwebt. Heute soll über eine eventuelle Nachoperation entschieden werden.

Seit Anfang Oktober, also seit dem Datum, an dem der erste Untersuchungstermin wegen des gebrochenen Implantats stattgefunden hat, kann ich kaum an etwas anderes denken. Tag und Nacht! Ich bin der Überzeugung, dann würde schon alles gut werden. Keine unbedachten Bewegungen machen, nicht die Körperachse unnötig verdrehen, dann wächst zusammen, was zusammen gehört, und muss nicht nachoperiert werden. Ich nehme an allen Therapien teil, die diesem Gedanken entsprechen. Und die dem nicht gerecht werden, richte ich darauf aus oder lasse sie aus meinem Plan ganz streichen. Ich verlebe so Tag für Tag, jeden einzelnen in der Hoffnung, ich werde nur so um eine weitere Prozedur herumkommen. Mein Antrieb für dies alles ist Angst, nichts als die pure Angst.

Hätte mich jemand vor einem halben Jahr danach gefragt, ich hätte komplett anders geantwortet. Angst war für mich etwas sehr Theoretisches. Etwas nicht Greifbares. Und ein guter Berater ist sie schon gar nicht! Womöglich liegt es daran, dass ich überhaupt nicht weiß oder wusste, was Angst eigentlich ist und wie sie sich anfühlt.

Sicher würde jeder an dieser Stelle sagen, meine Gedanken dazu sind total überzogen. Aber genau so sind sie zurzeit. Permanente Niedergeschlagenheit!

Meine schon beschriebene Stimmungslage hat den einzigen Vorteil, dass mich die gesamte Anmelde- und Abfertigungssituation in der Virchow-Unfallchirurgie weniger nervt. Hier, muss ich sagen, hat man sich derartig die Strukturen verbaut, das geschätzt fünfundachtzig Prozent der Patienten unzufrieden sind und ununterbrochen vor sich hin meckern. Und das in jeder erdenklichen Sprache! Sich von dieser Wartezimmeratmosphäre nicht mitnehmen zu lassen, grenzt an Überlebenstraining.

Nachdem ich aus dem Röntgen zurück bin und wie von dort befohlen im Wartezimmer Platz genommen habe, sind nun bereits fast drei Stunden vergangen. Ich frage schließlich bei einer der Schwestern der Anmeldung nach, ob denn meine Akte ordnungsgemäß angekommen sei. Sie schaut daraufhin nach und fand sie noch im sogenannten Röntgen-Korb. Das heißt, sie ist für die Weiterbearbeitung noch nicht in die Vorlage aufgerückt. Ich hätte mich ihrer Meinung nach auch bei ihr zurückmelden müssen. Nun, das hätte ich bestimmt getan. Ein kleiner Hinweis darauf wäre unheimlich hilfreich gewesen! Oder fallen diese Dinge unter „vorausgesetztes Patientenwissen“? Beim ersten Kontrollbesuch lief das besser!

Nun habe ich das gleiche Problem wie alle anderen Wartenden und auch die gleiche Unzufriedenheit macht sich bei mir jetzt breit. Woher soll der Patient wissen, bei wem er sich wann wo melden soll? Das ganze grenzt an Chaos, und das ist selbst gemacht! Aber sie bleibt ruhig, nimmt sich meine Akte zur Bearbeitung mit und sagt: „Sie sind dann sofort der Nächste.“

Gleich nach der Mittagspause ist das dann auch tatsächlich so. Man ruft mich herein. Kaum im Behandlungszimmer angekommen, klingelt das Telefon meiner Ärztin und sie wird zu einem Notfall in den OP gerufen. Dass Sie hierfür alles stehen und liegen lassen muss und keine Zeit für lange Erklärungen hat, sollte jedem normal denkenden Menschen verständlich sein. Umgehend kommt jedoch ein anderer Arzt auf mich zu und übernimmt ihren Job. Hier geht es Hand in Hand. Großartig! Er wertet vorerst die Röntgenbilder vom Oktober aus, schaut sich dann die aktuellen gewissenhaft an und wendet sich dann mir zu. Sein Gesichtsausdruck ist etwas angespannt. Er zeigt mir verschiedenes auf den Bildern und zieht dann doch ein positives Fazit. Er meint, der Bruch im Implantat würde nicht stören und alles wäre im planmäßigen Verlauf. Anschließend nimmt er sich noch einen Moment Zeit, um den Arztbericht zu verfassen, den ich diesmal direkt mitnehmen will. Ich bin jetzt sehr froh, dass die Ursache seiner Anspannung nur die viele Arbeit ist.

Sicherlich kann sich jetzt jeder vorstellen, wie erleichtert ich bin. Dieses übergroße Angstgefühl weicht langsam von mir. Aber irgendwie ist es noch anders als vor einem Monat. Seinerzeit war es ein berauschendes Glücksgefühl. Ich müsste doch jetzt singen, tanzen und lachen und von oben bis unten voller Glückshormone sein, ja vor Freude übersprudeln! Was ist los? Kann ich mich nicht mehr freuen? Ich habe mehr als nur einen Grund! Haben Gefühle keinen Platz mehr in meinem Kopf? Es muss sich etwas verändert haben.

Was hat dieser ganze Unfall mit mir gemacht? Er hat mich auch aus einem der schönsten und längsten Sommer herausgerissen, wie wir ihn schon lange nicht mehr hatten. Wir hatten uns doch so viel vorgenommen, schon die Wochenenden verplant für Wohnmobilfahrten und gemeinsame Ausflüge mit dem Motorrad.

All das drückt wohl sehr auf meiner angeschlagenen Seele. Aber mehr noch die Tatsache, dass eine erneute Operation anstehen könnte, die mich auf den Stand vom August zurückwerfen würde. All das Positive, was ich hätte der

Information des Arztes entnehmen können, dringt irgendwie nicht bis zu mir durch. Ganz so, als würde es eine zähflüssige depressive Substanz im Blut geben, die erst verbraucht werden muss, bevor andere Gefühle zugelassen werden können.

Es schließen sich nun auch noch ein paar Schwierigkeiten rund um den Rücktransport an. Niemand würde mich zurück nach Hoppegarten fahren. Das Taxiunternehmen, das mich zum Virchow Klinikum brachte, hat nun keine Rückfahrt-Termine für mich. Ein dem Fahrer befreundetes Taxiunternehmen solle mich zurückbringen. Die jedoch sind nach eigenen Angaben terminlich bereits überbucht. Toll, und nun? Ich beschließe also, die Rezeption in der Rehaklinik anzurufen. Die meinen, ich solle ein normales Taxi nehmen. Das ordere ich telefonisch. Kaum sitze ich nach kurzer Wartezeit im Auto und nenne den Zielort, so muss ich auch schon wieder aussteigen. Der Fahrer fordert sofortige Vorausbezahlung von mir. Dazu bin ich natürlich nicht bereit. Also rufe ich erneut die Rezeption an. Ich bitte, vorsichtig ausgedrückt, um sofortigen Rücktransport, oder, wenn nicht möglich, eine direkte Verbindung zum Chefarzt. Ich kündige ebenfalls an, dass mein nächster Anruf zur Berufsgenossenschaft ginge. Augenblicklich findet man ein Transportunternehmen, mit dem ohnehin zusammengearbeitet wird. Diese entsenden einen Transporter als leer-Tour von Strausberg nach Berlin-Wedding, um mich abzuholen. Dies ist nach dieser etwas dringlicher formulierten Bitte innerhalb etwa einer Stunde möglich. Das ist doch wenigstens eine Perspektive.

Jetzt, nach ein paar Tagen, dreht sich das Blatt und die gute Stimmung kommt auch bei mir wieder an. Ich gehe ganz anders an die verbleibende Zeit und die Therapie heran. Auch mein Heilungswille ist wieder präsent.

Meine ukrainische Stationsärztin Frau Tatjina führt daraufhin eine Abschlussuntersuchung der Früh-Reha durch. Sie ist sehr zufrieden mit den ersten Ergebnissen, die ich ihr präsentieren kann. Wesentlicher Gesichtspunkt im Bericht der D-Ärzte aus dem Virchow-Klinikum ist, dass ich von nun an voll belastungsfähig bin. Daraufhin können andere Trainingsprogramme gestartet und mein *TAURUS*-Gehwagen könnte nach und nach durch Gehstützen abgelöst werden. Gute Aussichten!

Und noch ein positiver Nebeneffekt stellt sich bei der Abschlussuntersuchung heraus. Ich habe seit dem Tag des Unfalls fast zwölf Kilogramm abgenommen. Im August hatte ich noch ein Gewicht von etwa einhundertzehn Kilogramm. Wenn ich mich wog, zeigte das Display der Waage an: *BITTE EINZELN*! Aus dem Vivantes Krankenhaus entließ man mich mit nur noch einhundertvier. Am Tag der Untersuchung brachte ich inklusive etwa zwei Kilo Klamotten noch genau einhundert Kilogramm auf die Waage. Geschätztes Körpergewicht also rund achtundneunzig Kilo.

Nun ist schon Mitte Januar. Ich bin wieder turnusgerecht zur Verlaufskontrolle im Campus Virchow bestellt. Diesmal sind alle Abläufe im Virchow Klinikum besser synchronisiert und mir vor allem auch schon bekannt. Alles klappt reibungslos.

Während meiner kurzen Wartezeit auf dem Flur treffe ich die Assistenzärztin Larissa Lenzcke, die mich im August operiert und auch stationär betreut hat. Sie kommt sofort auf mich zu und sagt: „Schön, Sie auf Ihren eigenen Beinen zu sehen!“, und spricht mich mit meinem Namen an!

Ich stehe zwar nur zum kleinen Teil auf den eigenen Beinen und zum größeren auf den Rollen des *TAURUS*, aber das stört mich gerade nicht. Anschließend erkundigt sie sich bei der jungen Ärztin, die mich heute untersucht hat, nach dem Verlauf.

Ich bin total überwältigt! Sie betreut bestimmt hunderte von Patienten im Laufe eines Monats! Der eine hat mehr, der andere weniger schwere Verletzungen. Nach Monaten kennt sie mich trotz meiner allergischen Pusteln im Gesicht noch mit Namen und Historie. Sensationell! Oder ist ihr eingefallen, dass ihre beste Schere noch in meinem Bauch liegt, die sie seit August vermisst?

Ich danke ihr herzlichst für alles und sage ihr, dass es schön ist, wenn Menschen ihren Beruf nicht nur als Job sehen…

Einmal hier im Krankenhaus frage ich natürlich gleich mal, was ich gegen die Allergie tun kann. Eine Behandlung oder die Verschreibung eines geeigneten Mittels beim D-Arzt ist jedoch ausgeschlossen.

Ich hätte mich natürlich in einem benachbarten Gebäudekomplex beim Hautarzt vorstellen können, aber das ist wegen des anberaumten Rücktransports nicht möglich. Man gibt mir aber den *hilfreichen* Tipp mit auf den Weg, mich von den Ärzten der Median-Klinik zu einem regionalen Dermatologen überweisen zu lassen… Wie aussichtslos das ist, dort einen zeitnahen Untersuchungstermin oder gar Abhilfe zu erhalten, wissen wir ja alle.

Auch in der Rehaklinik zeigten sich ja die Schwestern bereits hilflos. Und wenn nicht das, so dürfen sie selbstständig keine Mittel verordnen oder verabreichen. Mein Vorsprechen im Schwesternzimmer führt lediglich dazu, dass verschiedene Behandlungen wie Wassergymnastik, Lymphdrainage und Elektrotherapie vorerst ausgesetzt werden. Schade eigentlich, aber verständlich, denn ich hatte mich gerade gern als „Laborratte“ zur Verfügung gestellt. Soll heißen, eine Gruppe von Physiotherapeuten, die zurzeit einen Lymphdrainage-Kurs absolvieren, brauchen immer ein paar „Opfer“ zum Trainieren. Vor der Allergie konnte ich das bereits einmal auskosten! War super!

Ein paar Tage später kommt meine behandelnde Stationsärztin Frau Tatjina aus ihrem Urlaub zurück und ich stelle mich ihr erneut vor. Sie begutachtet die Stellen recht sorgfältig und eröffnet mir dabei, ich hätte Glück! Sie sei eigentlich eine ausgebildete Hautärztin! Sie verordnet mir eine Tablettenkur. Kortison und Ceterizin. Des Weiteren empfiehlt sie, alle roten Früchte, Nüsse, Mandeln, Tomaten, … naja, eigentlich alles bis auf Wasser, wegzulassen, solange die Ursache nicht geklärt ist oder ein deutlicher Rückgang zu verzeichnen ist. Zur Nacht soll ich alle befallenen Körperstellen mit dieser Kortisonsalbe dünn einreiben, was ich auch brav befolge. Es stellt sich daraufhin rasch eine Besserung ein. Gott sei Dank! Als letztes bleiben noch die Rötungen im Gesicht und die hartnäckigen Pusteln in den Fuß- und Handinnenflächen zurück. Eine Zeit lang später verschwinden aber auch sie. Nur für etwa einen Monat bleiben noch Narben zurück.

Was die eigentliche Ursache dafür war, habe ich bis heute nicht herausgefunden. Anfangs dachte ich wie beschrieben an die Strümpfe respektive die vielleicht noch darin enthaltenen Waschmittelreste. Dann konzentrierte ich mich zu Unrecht auf die Inhaltsstoffe eines sehr leckeren Gebäcks, das mir Antje und Siegfried mitbrachten. Ich liefere mal wieder ein tolles Bild von mir ab. Sie bringen mir Leckerlies mit und ich verdächtige sie, allergene Inhaltsstoffe unterzumischen. Wie ungerecht und peinlich! Und dann sind da noch die Erdnüsse aus der Dose, die ich einen Abend zuvor gegessen habe. All das führt jedoch am Ziel vorbei. Offenbar war nichts davon der Auslöser. Zuvor hatte ich ja schon mal eine allergische Reaktion. Im Virchow wurde sie von Tilidin verursacht, was daraufhin durch Targin ersetzt wurde. Ich bekam vom ersten Medikament auch juckende Hautausschläge und Schweißausbrüche. Abgesehen von den blauen Sternchen vor meinen Augen … Ab Reha-Start in Hoppegarten bekomme ich statt der bis dahin verabreichten Betäubungsmittel bereits Oxycodon in hoher Dosierung.

Im Zuge der Allergiebehandlung werden nun meine Medikamente umgestellt. Ich erhalte auch ein anderes Mittel zur Thrombosevorsorge. Hierbei stellen sich nun keine Unverträglichkeiten mehr ein.

Die lieben Physiotherapeutinnen im Vivantes stellten mich mit Hilfe dieses tollen Gehwagens *TOPRO TAURUS* wieder auf meine eigenen Füße. Ein Erlebnis, dass ich nie vergessen werde! Dafür bin ich ihnen unendlich dankbar! Wie schon zuvor beschrieben, gibt mir das ein sehr großes Stück Lebensqualität zurück. Zum Beispiel Aufstehen aus eigener Kraft und selbst über die normalsten Handlungen entscheiden zu können, wie der ganz normale Gang zur Toilette. Die alltäglichsten Dinge des täglichen Lebens bekommen durch Umstände wie diese einen ganz anderen Stellenwert!

Ein bauartgleiches Gerät bekomme ich jetzt von der Berufsgenossenschaft auch in Hoppegarten gestellt. Auch hier tut es mir gute Dienste und ermöglichte mir das Laufen mit geringster Belastung auf das Becken! Selbstständiges Laufen ist mir ja nach wie vor nicht möglich. Auch hier muss ich feststellen, dass es immer zwei Seiten an jeder Medaille gibt. Ein unangenehmer Nebeneffekt stellt sich mit längerer Zeit der Benutzung ein. Die Arme sollen die restlichen achtzig Prozent der Körperlast auffangen. Dazu hat das Gerät entsprechende Armauflagen, die zum Abstützen beim Laufen dienen. Diese sind zwar gut gepolstert, aber sie drücken in der dauernden Benutzung auf immer dieselben Stellen der Unterarme kurz unterhalb der Ellenbogen. Dort entlang verläuft der Nerv, der die äußere Hälfte des Unterarms versorgt. Einschließlich der äußeren Finger. Wie ich als medizinisch googlegebildeter Laiendoktor inzwischen weiß, nennt man diesen *Nervus Ulnaris*.

Mir werden vorerst die äußeren Handhälften und die Außenseiten der Unterarme etwas taub. Jeden Tag ein bisschen mehr. Anfänglich messe ich dem keine größere Bedeutung bei. Aber mit zunehmender Reizung der Bereiche wird der daraus resultierende Kontrollverlust des Ring- und kleinen Fingers problematischer. Es stellen sich intensive Schmerzen ein. Sauber zu schreiben ist damit kaum mehr möglich. Meine Handschrift ähnelt inzwischen der eines Drittklässlers oder Apothekers. Beim Essen kann ich kaum das Besteck halten, ohne dass es mir aus der Hand rutscht. Zur Abrundung des Gesamtbildes müsste ich nur noch sabbern. Man mag sich das vielleicht nicht vorstellen, aber ich befürchte fast, bald wieder Unterstützung beim Toilettengang zu benötigen. Wie unangenehm…!

Ich bitte daraufhin meine Physiotherapeutin Vicki, mir entsprechende wiederbelebende Massagen zu verabreichen.

Zumindest was den Arm betrifft. Das soll ich aber später bereuen! So eine Unterarmmassage ist, wie ich inzwischen weiß, kein Kindergeburtstag! Oder bin ich in dieser Hinsicht nur eine ausgeprägte Mimose? Das gefühlte Schmerzbild beim Faszienlockern entspricht in etwa dem, als wenn ein Bus über den Arm fährt … Ich könnte laut aufschreien! Und das Ergebnis rechtfertigt diese Qualen nicht mal! Nichts verbessert sich! Aber was lässt man nicht alles über sich ergehen, damit die liebe Therapeutin ihren Spaß hat…

Daraufhin beschließe ich, zu Gunsten einer Erholungspause für die Arme wieder den Rollstuhl zu benutzen, der mir ja noch zur Verfügung steht. Ich lasse also meinen Gehwagen stehen und bin wieder im Sitzen unterwegs. Im Laufe der Woche stellen sich jedoch bald unerträgliche Steißbeinschmerzen ein, die mir das Benutzen des Rollis schnell wieder vermiesen. Das liegt wohl daran, dass die Schwellungen, die meinen Ischiasnerv lahm legen, allmählich abflauen. Zu blöd, dass die wenigen brauchbaren Nervensignale wieder unbedingt Schmerzen sein müssen. Schöner wäre, wenn die Bewegungsfähigkeit meines rechten Fußes nur schneller zurückkehren würde! Aber das unterliegt nicht den wählbaren Optionen…

Der Rollstuhl ist also auch passé. Was soll‘s, ich muss mich ja irgendwie fortbewegen. Also wieder rauf auf den *TAURUS*! Die Schonungswoche für die Arme bringt rückwirkend betrachtet nichts. Das schmerzhaft taube Gefühl ist nach wie vor mein Begleiter. Ich muss mich wohl damit abfinden und mit den Qualen leben. Irgendwann wird es schon nachlassen, hoffe ich. Das spornt mich allerdings an, so bald wie möglich auf die eigenen vier Beine zu kommen. Also auf meine zwei und die Unterarmgehstützen. Dies kann ich nun ja in Angriff nehmen, nachdem die Untersuchung im Virchow bestätigt hat, dass ich nicht noch mal in den OP muss und voll belastungsfähig bin. Ich übe schon auf eigene Faust das Laufen mit den Krücken, die mir Kirsten zuvor mitgebracht hat. Als mir das halbwegs gelingt, empfinde ich das mal wieder als einen spürbaren Meilenstein!

Anfangs ist das durch die mangelnde Kontrolle in den Händen schwierig. Doch im Laufe der Zeit kommt langsam das Gefühl in den Unterarmen und Händen zurück.

Wer das Krückenlaufen in der Therapie lernt, wird zunächst auf den Passgang trainiert. Das heißt, beide Krücken vorsetzen, dann nacheinander die Beine um einen Schritt bewegen und dann von vorn. Ich habe diesen Schritt bewusst übersprungen und von Anfang an im Wechselschritt geübt. Im Unterschied werden hierbei Beine und Gehstützen diagonal bewegt. Also rechtes Bein und linke Stütze, linkes Bein und rechte Stütze. Beim einen läuft man wie eine Giraffe auf Stelzen und das andere mutet eher wie der Wechselschritt eines scheuenden Pferdes an. Was ist besser?

Frau Tatjina verschreibt mir sogenannte Arthritis-Stützen. Solche habe ich zuvor nur bei meinem Mitstreiter Frank gesehen. Das Laufen ist damit jedoch nicht einfach und man fühlt sich nicht nur wie eine Giraffe auf Stelzen, sondern wie zusätzlich noch auf Glatteis.

Ich übe nun sehr ausgiebig mit den Unterarmgehstützen. Dass dies nach der langen Zeit Schmerzen im Rücken verursacht, kann sich bestimmt jeder vorstellen. Wie oft bin ich geneigt, die Stützen gegen eines der anderen Hilfsmittel zu tauschen, die mir gerade bequemer erscheinen! Aber nein! Das will ich nicht! Ich will weiterkommen und mich nicht rückwärts entwickeln! Daher rufe ich bei der Berufsgenossenschaft an und lasse die anderen Fortbewegungshilfen abholen. Ich habe beschlossen, dass ich den Rollstuhl und auch den *Taurus* Gehwagen nicht mehr benötige. Ich will nicht rückfällig werden, nur weil die Geräte da sind und nach mir rufen…

Kapitel 7
Freunde

Hin und wieder bekomme ich während meines Aufenthalts in den Krankenhäusern und der Reha auch Anrufe von meinen Kunden. Sie versuchen mich am Arbeitsplatz zu erreichen und werden vorerst oberflächlich über die aktuellen schockierenden Geschehnisse informiert. Dies unterschiedlich objektiv. Je nachdem, an wen sie geraten. Meine Vertretung, oder der, der sich dafür ausgibt, sagt sogar einigen Leuten, dass ich gar nicht mehr am Leben sei. Er beginnt schon früh damit, sich meinen Arbeitsplatz zu sichern. Dieses Haus liegt näher an seinem Wohnort und er muss sich nicht in ein Team einordnen. Ich erkläre das an anderer Stelle noch einmal genauer.

Manchen Kunden, zu denen eine engere Bindung besteht, ist das nicht genug. Viele langjährig treue Kunden haben meine private mobile Rufnummer. Sie rufen mich an, um Näheres zu erfahren, nicht aus Sensationslust. Sie haben nur vor, sich nach meinem Befinden zu erkundigen und mir Beistand zu leisten. Das ist in meiner derzeitigen Situation wahrer Balsam auf die Seele! Aus diesem Kreise der ohnehin bemerkenswerten Menschen unter meinen Kunden treten jedoch einige Leute besonders hervor. Kurznachrichten und Anrufe reichen ihnen nicht aus. Sie kommen mich persönlich besuchen. Die einen ab und zu, die anderen später regelmäßig. Und das, obwohl sie teilweise selbst mit gesundheitlichen Problemen zu kämpfen haben und ihnen inzwischen eine Gehbehinderung den Weg zu mir sehr erschwert! Über diese Zeit entsteht sogar eine wirkliche Freundschaft daraus! Das rührt mich sehr und ich bedanke mich an dieser Stelle noch einmal ganz herzlich! Im Moment kann ich mich nicht gut genug selbstständig bewegen. Ich hoffe auch für jeden, dass sie oder er niemals in eine vergleichbare Situation geraten! Aber sollte ich ihnen mal in einer Angelegenheit hilfreich zur Seite stehen können, werde ich gern genauso für sie da sein! Versprochen!

Das Ganze hat auch noch eine andere angenehme Seite. Und zwar ist dies ja eine Rückmeldung, wie ich aus Sicht meiner Kundschaft meinen Beruf ausfülle. Ich bin immer bemüht… Nein, das ist der falsche Ausdruck! Es verlangt mir keine Mühe ab, Kunden zu behandeln, wie ich es anderenorts auch selbst gern hätte. Auf diese Weise muss sich niemand verbiegen und man unterhält sich auf Augenhöhe.

Ich muss selbstverständlich die Interessen meiner Klientel mit denen meines Arbeitgebers vermitteln. Natürlich besetzt er seine Verkäuferarbeitsplätze, um so viel Ertrag wie möglich durch meine Tätigkeit zu realisieren. Das setzt jedoch meinerseits eine gewisse „Drücker-Mentalität" voraus, der ich zugegebenermaßen nicht gerecht werde. Aus seiner Sicht kritisiert mich mein Chef zu recht dafür. Mir ist es jedoch eher wichtig, dass meine Kunden sich gut beraten fühlen und mit der Gewissheit nach Hause gehen, dass sie ein faires Angebot bekommen haben. Es wäre mir persönlich peinlich, wenn die gleichen Leute ein deutlich besseres Angebot von woanders bekämen. Na klar, *besser* muss ich an dieser Stelle relativieren. Es ist damit nicht immer *billiger* gemeint. Billiger kann letzten Endes immer jemand. Ist darum das Gesamtergebnis tatsächlich besser? Ich glaube fest daran, dass es um das Gesamtpaket geht. Natürlich spielt der Preis eine Rolle, aber das ist nur eine Facette. Der Ertrag ist mir nicht das Wichtigste. Das Gespräch muss angenehm verlaufen und allen Spaß machen! Dann kann ich auch davon ausgehen, dass ich Empfehlungen bekomme, aus denen wieder neue Geschäfte entstehen. Meinen Chef muss ich davon allerdings jedes Mal von Neuem überzeugen.

Anscheinend sieht ein bedeutender Teil meiner Kundschaft das genau wie ich und weiß es auch zu schätzen. Nur so ist es erklärbar, dass aus diesen Kunden schließlich Freunde werden. Ich mache offenbar nicht alles ganz falsch…

Wer schon mal zur Kur gefahren ist oder eine Reha absolvieren musste oder durfte, weiß, dass sich immer einige Grüppchen bilden und sich annähernd Gleichgesinnte zusammenfinden. Man wird zum Beispiel an einem Esstisch mit drei fremden Leuten zusammengesetzt und lernt sich dabei etwas kennen. Manch einem ist man dabei mehr zugetan als anderen.

Einem Tischnachbarn beispielsweise versuche ich sogar aus dem Weg zu gehen und seine Gegenwart zu meiden. Er ist schon älter, aber das ist nicht der Grund. Seine Gewohnheiten, die er wahrscheinlich in einem lange allein verbrachten Lebensabschnitt ausbildete, kann er auch am Esstisch in der Rehaklinik nicht ablegen. Der Mann kommt schnell ins Schwitzen, obwohl er groß und schlank ist. Dafür kann er nichts. Das alleine ist aber nicht der Stein des Anstoßes. Nein, er führte ständig ein Handtuch mit. Zumindest ist es gerade noch als solches erkennbar. Oft benutzt, aber zu selten gewaschen! Schwache Gemüter sollten diesen Abschnitt überspringen! Es ist keines derer, die das Haus zur Verfügung stellt. Er hat es wohl von zu Hause mitgebracht und tupft sich damit ständig den Schweiß von der Stirn, der Brust und unter den Achselhöhlen ab. Sicher hätte dies diskret vonstattengehen können. Vielleicht in den Sanitärräumen, die alle paar Meter zur Verfügung stehen. Schließlich kann er ja nun mal nichts für seine Schwitzanfälle. Aber er tut es beim Essen. Und damit nicht genug, legt er das Tuch dann immer auf dem Esstisch neben seinem Besteck ab. Ich glaube, noch mehr bildhafte Beschreibungen werden an dieser Stelle nicht benötigt. Das ist der Typ Mensch, den ich hier ausdrücklich nicht beschreiben will.

An der Rezeption können sich die Rehapatienten Spiele ausleihen. Da gibt es *Mensch, ärgere dich nicht!*, *Back Gammon*, *Scrabble* und verschiedene andere Brett- und Kartenspiele. Es ist also nicht schwierig, verschiedene Spiele zu bekommen, aber es hängt nun an geneigten Mitspielern. So kommt einer anderen Doppelkopfbegeisterten und mir eines Tages die Idee, einen Zettel auszuhängen. Es gibt eine Wand neben dem Eingang zur *Fütterung*, an der immer die verschiedenen Vorschläge zur Abendgestaltung und Veranstaltungen angeschlagen werden. Es wird manchmal Musik gemacht, Vorträge gehalten und verschiedenes anderes. Dort platzieren wir unsere Suchanfrage:

Mitspieler für Doppelkopfrunde gesucht!
Bei Interesse bitte heute Abend in der Lobby melden!

Und tatsächlich melden sich am Folgetag zwei nette Damen. Allerdings können beide leider nicht Doppelkopf spielen, wollen es aber gern lernen. Es sind Sybille, die

Fallschirmabstürzerin, und Gisela, die Hüfte. Man findet hier seltsame Namen füreinander…

Auch Lutz lerne ich durch eine kleine Skatrunde kennen. Ein sehr lieber wertvoller Mensch!

Eva lerne ich durch immer wiederkehrende Begegnungen kennen. Wir grüßen uns im Fahrstuhl und halten immer ein wenig Smalltalk. Sie fällt mir besonders durch ihre sonore wohlklingende Stimme und ihre sonnige Ausstrahlung auf. Ich frage mich jedes Mal, womit sie wohl ihren Lebensunterhalt verdient. Mit ihrer Stimme muss sie Künstlerin sein. Vielleicht Sängerin, möglicherweise auch Sprecherin im Radio. Oder liest sie womöglich Hörbücher ein oder synchronisiert sie international bekannte Schauspieler? So etwa in diese Richtung tippe ich. Später soll sich herausstellen, dass sie tatsächlich Künstlerin ist. Ich liege also nicht zu hundert Prozent falsch. Allerdings ist ihr Genre die Bildende Kunst. Sie erstellt Skulpturen und aussagekräftige Plastiken, die dem Betrachter ganze Geschichten erzählen können.

Mein ukrainischer Kumpel Oleksander hat sein Zimmer auf dem gleichen Flur wie ich und beim Essen sitzen wir so, dass wir uns sehen. Nicht am gleichen Tisch, aber trotzdem gegenüber mit einem Gang dazwischen. Wenn wir beide gleichzeitig eine Freistunde haben, versuchen wir immer, uns mit den verschiedensten Übersetzern zu verständigen, die das Handy bietet. Er ist Opfer eines schweren LKW-Unfalls, bei dem er als Beifahrer im überschlagenen Fahrzeug eingeklemmt wurde. Dabei hat es ihm fast ein Bein mit Teilen der Hüfte herausgerissen. Aus seinem Arm fehlt ein Stück, was die Chirurgen mit körpereigenen Materialien zu ersetzen versuchten. Er ist seitdem, wie er mir aber erst später verraten wollte, mit Franzi aus der Ergotherapie zusammen. Ellen, die tatsächlich von einem Sattelzug überrollt wurde, kenne ich aus der Rommé-Runde.

Eine echte Freundschaft verbindet mich seitdem mit Frank und seiner Frau Claudia, die inzwischen sogar geheiratet haben.

Seit ich aus der stationären Reha entlassen bin, setze ich am gleichen Ort und mit den gleichen Therapeuten meine Behandlung fort. Während dieser erweiterten ambulanten Physiotherapie (EAP) lerne ich schließlich Katrin aus Friedrichshagen und Natalija aus Schönefeld kennen.

Ich könnte hier noch weitere Namen auflisten. Aber ich möchte es auf die Menschen beschränken, mit denen ich heute noch in Kontakt stehe und mit denen sich Freundschaften entwickelt haben. Einige andere haben sich seit ihrer Genesung und Entlassung nicht mehr gemeldet und antworten auch nicht auf Nachfrage. So selektiert sich dieser Bereich.

Eine ganz besondere Rolle kommt hierbei auch meinen allerbesten Freunden zu. Ich möchte hier mal etwas ansprechen, was wirklich nicht selbstverständlich ist.

Zum Beispiel Freunde, die mir einfach ohne Worte buchstäblich die Hand halten als ich aus einem tiefen und unwirklichen Schlaf nach Operationen aufwache. Mit hohen Dosen Morphin und trotzdem mit unsagbaren Schmerzen. Sie haben niemanden gefragt, ob sie das sollen. Sie sind einfach da, als ich noch nicht mal realisiere, dass ich sie so sehr brauche. Ich bekomme nur sehr wenig von meiner Umgebung mit und bin noch in meiner Traumwelt vertieft, die sich ganz langsam und in Schlieren mit der Wirklichkeit vermischt. Bestimmt stammle ich auch viel wirres Zeug vor mich hin und sabbere. Egal! Ich spüre nur irgendwann die wohlwollenden Blicke und meine Hand in einer anderen. Trotz den Umständen ein unbeschreiblich gutes Gefühl! Ich bin nicht allein! Dies ist ein nachhaltig tiefes Erlebnis! Das ist Freundschaft! Es stellen sich hier sogar verlässliche wiederkehrende Besuche ein. Ein bedingungsloses füreinander Dasein. Danke, Birgit!

Nun kann natürlich nicht jeder in einer solchen Situation meine Hand halten. Das wären unheimlich viele Hände und ich will auch keine Wertungen vornehmen. Jeder der Freunde, jeder Nachbar, jeder Kunde, der mich besucht, hilft mir nach Gelegenheit und Möglichkeit wirklich sehr! Auch durch die Entfernung lassen sich manche nicht abschrecken und kommen von weit her, um mich zu besuchen und mir damit ihren Beistand zu geben.

Ich danke jedem einzelnen ganz besonders für diese Unterstützung!

Ich würde am liebsten eine Feier mit allen veranstalten, um mich zu bedanken. Vielleicht wenn der Unfall einen Jahrestag hat. Das ist doch eine Idee, oder? Vielleicht ist diese kleine Erzählung dann auch fertig und jeder kann ein kleines Büchlein in die Hand bekommen…

So trennt sich hier wie so oft im Leben die Spreu vom Weizen. Ich habe hier bereits die lieben Seelen hervorgehoben, die mir bereitwillig etwas von ihrer Stärke und ihrem Durchhaltevermögen abgegeben haben. Es gibt aber auch immer *die anderen*, die mehr mit sich beschäftigt sind und für sowas keine Zeit haben. Vermutlich war von denen noch niemand in vergleichbaren Situationen oder hat freundschaftlichen Beistand gebraucht. Aber auch diese

Erfahrung ist eine wichtige Erkenntnis, mit der ich zurechtkomme.

Wer schon in solch einer Situation war, wovon auch immer sie vielleicht ausgelöst war, schreibt vielleicht solche Lieder wie beispielsweise David Gilmour (Pink Floyd) in „Coming Back to Life“. Besonders eine Textpassage geht mir nicht aus dem Kopf.

<u>COMING BACK TO LIFE</u>

Songtext (erste Strophe)

Where were you when I was burned and broken?
While the days slipped by
From my window watching
And where were you when I was hurt and I was helpless?

<u>COMING BACK TO LIFE</u>

Songtext (Übersetzung)

Wo warst du, als ich erschöpft und kaputt war?
Während die Tage vorbeiglitten,
Und ich von meinem Fenster aus zuschaute?
Und wo warst du, als ich verletzt und als ich hilflos war?

Besonders hervorheben möchte ich hier auch Kirstens Einsatz vom ersten Tag an. Wie sie das nervlich und körperlich beansprucht, kann man kaum in Worte fassen. Mich bedauern und bemitleiden alle. Und wer am Krankenbett steht, kann selbst sehen, welche Folgen so ein Unfall hinterlässt. Für einige unserer Freunde spielt Kirsten hingegen eine fast unsichtbare Rolle. Nur wenige bemerken, was sie tatsächlich leistet. Mit meiner Versorgung ist es ja nicht getan. Ganz nebenbei muss sie über vier Monate zu Hause ganz allein klarkommen. Da sind viele Dinge zu erledigen, die ich sonst übernommen habe und sie sich erst aneignen muss. Zum Beispiel das Winterfestmachen von Haus und Grundstück. Auch das Wohnmobil will diese Pflege bekommen und auch unser Pool. Nebenbei wächst auch das Gras weiter und will gemäht werden, um nur einige Dinge aufzuzählen. Das ist nicht immer ganz einfach, alles allein zu bewältigen.

Ihr fehlt natürlich auch dringend jemand, der sie mal in die Arme nimmt und moralisch unterstützt. Leider ist da bis auf ganz wenige liebe Ausnahmen fast niemand für sie da. Wirklich sehr schade!

Aber damit nicht genug! Nebenbei muss sie auch noch ihre eigene Rehakur vorbereiten. Ich bin mir sicher, ihr Tag könnte wenigstens 48 Stunden haben und wäre trotzdem bis zum Rand ausgefüllt. Eine dieser Ausnahmen ist Kerstin, unsere liebe Nachbarin. Bei ihr kann sie, wenn sie spät abends nach Hause kommt, noch mal die Seele baumeln lassen. Wenn draußen die Lichterkette noch leuchtet, das ist das verabredete *geheime* Zeichen, kann sie ohne vorher zu fragen einfach rübergehen. Ich bin ihr sehr dankbar dafür und Kirsten ist es eine große moralische Stütze!

Meistens ist es aber anders. Wenn die Welt in Ordnung ist, sind alle da. Das ist einfach. Aber wenn mal alles aus den Angeln gehoben ist, braucht man Freunde am dringendsten! Und dann zeigt sich, auf wen man sich in der Not verlassen kann!

Kapitel 8
Familie

Der Unfall, die Krankenhausaufenthalte und die Reha sind einige beschriebene Stationen auf dem Weg. Verschiedene Dinge wie Schmerzen und Ähnliches muss ich natürlich auf eigenen Schultern tragen. Logisch, denn das kann einem niemand abnehmen. Aber doch deren Bewältigung erheblich erleichtern!

Vorneweg und vor allem möchte ich meiner lieben Frau Kirsten danken! Was ihr die ganze Situation abverlangt und was sie leistet, ist gigantisch. Sie ist anfangs jeden Tag bei mir gewesen, unternimmt unermüdlich Besorgungen und schafft Dinge herbei, die ich brauche. Verschiedenes ist bei Behörden und Versicherungen zu klären, das keinen Aufschub duldet. Sie hält auch die Kommunikation mit meinem Arbeitgeber aufrecht, bei dem ja die Krankschreibungen und die Liegebescheinigungen eingereicht werden müssen. Jeden Tag fällt mir etwas Neues ein. Irgendetwas kann ich immer brauchen. Immer schön häppchenweise, als wollte ich sie auf die Probe stellen. Egal, ob es sich um eine Zahnbürste, ein Handtuch oder einen Lautsprecher zum Musikhören handelt. Sie schafft es herbei! Und all das neben ihrer eigenen Arbeit! Wie eingangs schon berichtet, muss sie zu dieser Zeit die Vertretung in ihrem Zehdenicker Büro sicherstellen. Jeden Tag kommen dadurch locker wenigstens zweihundert Kilometer Fahrstrecke zusammen. Kein Wunder, dass sie das allmählich an ihre körperlichen und seelischen Grenzen bringt. Trotzdem erledigt sie alles bedingungslos und zuverlässig! Hut ab und vielen lieben Dank! Das ist Liebe!

Genauso wenig lässt es sich von mir wirklich umfassend erklären, wie viel mir ihre Besuche bedeuten! Ich will kein Selbstmitleid verströmen! Aber den gesamten Tag bin ich in mir selbst gefangen und in die Situation vergraben. Schmerzen und quälende Gedanken sind ständige Begleiter. Eine Zeit lang war nicht mal Bewegung zur Ablenkung möglich. Und wenn sie dann am Abend kommt und mich seelisch und moralisch wieder aufbaut, ist das eine unbeschreibliche Wohltat! Ich sage es viel zu selten: Kirsten, es ist ein großes Glück für mich, dass du an meiner Seite bist! Und das nicht erst seit dem Unfall!

Auch unser Sohn Benjamin ist mir in dieser Situation eine große Hilfe! Über seine Besuche freu ich mich ganz besonders! Hin und wieder kommt auch seine Frau Carolin mit. Bei diesen gemeinsamen Besuchen kann ich auch Friedrich, ihren gemeinsamen Sohn und meinen Enkel, mal sehen. Er war vor meinem Einzug in diese unwirkliche Welt gerade erst ein paar Wochen alt. Und nun entwickelt er sich rasant! Ich habe Freudentränen in den Augenwinkeln. Seit einiger Zeit kommt er sogar von zu Hause mit seinem Fahrrad! Das sind etwa fünfundzwanzig Kilometer! Dazu muss man anrechnen, dass es inzwischen Spätherbst ist und relativ zeitig dunkel wird. Die Kälte gesellt sich dazu und manchmal gibt ihm der Nieselregen den Rest. All das nimmt er in Kauf, um mir Gesellschaft zu leisten. Auch an dieser Stelle ist ein riesiges Dankeschön fällig! Aber nicht nur das, sondern hiermit auch gleichzeitig eine ehrlich gemeinte Entschuldigung! Auch er ist öfter unterwegs, um für mich Besorgungen zu erledigen. Beispielsweise ein paar Schuhe, die ich hier tragen kann. Ich habe schon Ärger bekommen, weil ich nur Latschen habe, die hinten offen sind. Aus rechtlichen Gründen sind jedoch nur Schuhe zugelassen, die fest am Fuß sitzen und geschlossen sind. Er bringt sie mir, und was tue ich? Ich meckere ihn an, dass die Sportschuhe, die er extra besorgt hat, nur mit Schnürsenkeln zu schließen sind. Das anstelle eines Dankeschön. Wie ungerecht von mir!

Genau wie in einer anderen Situation, die sich schon in der Zeit im *Siechhaus* Prenzlauer Berg zutrug. Ich nahm zu dieser Zeit noch höhere Dosen Opioide als gegenwärtig. Die nehmen viel von den Schmerzen weg, aber haben wie alles im Leben auch ihre Kehrseiten. Wenn die Wirkstoffe der eingenommene Retardkapsel aufgebraucht sind und die Schmerzunterdrückung nachlässt, kommen nicht nur die Schmerzen mit einer Intensität von mindestens einhundertfünfzig Prozent zurück, sondern man fällt auch in ein abgrundtiefes Stimmungstief. Dann ist die ganze Welt schlecht und böse! Bohrende Schmerzen erreichen sämtliche Nerven! Auch die, die es gar nicht gibt. Wer dann gerade in der Nähe ist, muss ein verdammt dickes Fell haben, um mich zu ertragen! Natürlich schiebe ich bei den ersten Anzeichen eine neue Tablette nach, nur es dauert wenigstens eine Stunde, bis sie ihre Aufgabe erfüllt. In der Zwischenzeit ist die Laune unterirdisch. Eine Mischung aus Wut und Verzweiflung lässt mir keinen Raum für Vernunft. Erst mit dem Erreichen des optimalen Morphinspiegels bin ich wieder Herr meiner Empfindungen und mir wird bewusst, was ich ihm alles an den Kopf geworfen habe. Benjamin, ich hoffe, du verzeihst mir meine Entgleisungen zu dieser Zeit! Ich freue mich so sehr über deine Besuche!

Vom ersten Tag an muss ich mich über zu wenige Besuche wirklich nicht beklagen! Alle kommen zu mir, um Gesellschaft zu leisten, um ihre Anteilnahme zu zeigen, um mir Besserungswünsche zu überbringen und um mir verschiedene Dinge zu schenken, die mein Herz erfreuen. Darunter frische selbst gemachte Smoothies! Ich kann gar nicht jedes Einzelne aufzählen. Wirklich die ganze Familie! Mein Bruder Peter und Dana, mein Bruder Wolfgang, Max und seine Freundin Jasmin, meine beiden lieben Ex-Schwägerinnen Vera und Martina und ihre Töchter mit ihrem Nachwuchs. Alle sind da! Gut aber, dass nicht alle gleichzeitig kommen!

Kapitel 9
Nach der stationären Reha

Wie oben schon mal beschrieben, startete meine Reha in Hoppegarten am 14. September 2018. Anfangs begann alles sehr zäh und die Zeit verging nicht, was eine Form von Lagerkoller in mir auslöste. Dieses Gefühl stellte sich insbesondere dann verstärkt ein, wenn die gerade besser kennengelernten Mitbewohner oder Tischgenossen nach Hause gingen. Sie haben in ihrer Rehazeit erhebliche Fortschritte gemacht und konnten als weitgehend wiederhergestellt entlassen werden. Dann war klar, die nächsten, die kommen, sehe ich auch wieder gehen und auch die danach und die darauf folgenden. Es war anfangs nicht absehbar, wie lange der *Spaß* hier gehen würde.

Natürlich sind hier die meisten Patienten wegen ersetzter Hüften und wegen Knieoperationen. Die Klinik ist auf Reha nach Endoprothetik spezialisiert. Multitrauma-Patienten wie mich gibt es nur wenige. Dies bedarf logischerweise einer viel längeren Behandlungszeit.

Inzwischen habe ich viele liebe *Mitgefangene* und Therapeuten besser kennengelernt. Ich bekomme auch Einblicke in die Arbeit und Verantwortung der dort Beschäftigten. Mit den meisten bin ich etwas vertrauter auf der Du-Ebene. Zum Teil helfe ich schon dabei, Patienten in der *Muckibude* an den Geräten einzuweisen, wenn die Sporttherapeuten gerade ausgelastet sind. Sie wollen mir nur nicht so recht sagen, wo ich mein Gehalt abholen kann…

Dann steht mal eine Abschlussuntersuchung und die Bestimmung eines Entlassungstermins auf dem Plan. Dem fiebere ich gespannt entgegen, um die lange Zeit und diese

Phase des Heilungsverlaufs hinter mir lassen zu können. Ich habe für so viele Dinge unendliche Geduld. Nur nicht mir selbst und diesem langsamen Fortschritt gegenüber. Ich will endlich einen Haken hinter das Kapitel Reha setzen! Am liebsten auch hinter alles andere, das den Unfall betrifft. Aber darauf muss ich wohl noch Jahre warten…

Nun rückt das lang ersehnte Datum näher und es stellt sich überraschenderweise ein etwas mulmiges Gefühl ein. Es ist doch etwas komisch nach dieser langen Zeit, wenn das Ende in Sicht ist. So sehr, wie ich diesem Termin entgegenfiebere, so skurril stellt er sich jetzt dar. Irgendwie verursacht es ein eigenartiges Bauchgefühl.

Jetzt ist er da, der 07. Dezember. Es geht nach Hause! Bis auf einen kleineren Spaziergang mit den Krücken zur Bushaltestelle vor der Klinik und einen Besuch bei *HOGART'S* habe ich das Gelände in der ganzen Zeit kaum verlassen. Und jetzt steht mir sozusagen die weite Welt wieder zum Greifen offen! So muss sich Egon Olsen immer gefühlt haben, als er von seiner Familie mit Winkefähnchen zum xten Mal aus dem Knast abgeholt wurde…

Mich und auch meinen in der ganzen Zeit angesammelten *Hausrat* holt Kirsten ab. Alles ist mit Mühe im Auto verstaut und wir fahren tatsächlich nach Hause. Ich kann's kaum glauben! Genau vier Monate sind vergangen. Ich freute mich riesig und habe feuchte Augen! Jedoch dies aus zwei Gründen. Zum einen habe ich diesen Moment gefühlt eine Ewigkeit herbeigesehnt, aber zum anderen ist mir der Ort meiner Wiederherstellung mit seinen vielen helfenden Händen inzwischen doch ans Herz gewachsen.

Zu Hause angekommen begrüßen mich zuerst die Katzen. Kater Peter hatte vorerst mal Angst vor meinen zusätzlichen Beinen. Die Gehstützen sind ihm sehr unheimlich. Paul nimmt nur verträumt mit einem zum Viertel geöffneten Auge von mir eine kleine Randnotiz und Mary schnuppert aufgeregt an dem nach Klinik riechenden *Fremden.*

Und dann setze ich die ersten Schritte in unser Zuhause. Es sind *nur* vier Monate vergangen, aber trotzdem irgendwie ein halbes Leben! Im Wohnzimmer hat Kirsten einen Schriftzug aus bunten Buchstaben aufgehängt. *HERZLICH WILLKOMMEN.* Spätestens jetzt fließen doch ein paar dicke Tränchen der Rührung…

Nun schließt sich in Kürze die EAP an, die Erweiterte Ambulante Physiotherapie. Ich werde also viele Leute wiedersehen. Zumindest die Patienten, die noch da sind, und natürlich die lieb gewonnenen Therapeuten.

Zum Ende der stationären Reha musste ich mir einen Chirurgen suchen, der weiter als D-Arzt für mich tätig werden kann. Er sollte sich möglichst in der Nähe befinden, so dass ich ihn von zu Hause leicht und mit kurzem Anfahrtsweg erreichen kann. Diese Funktion übernahm zuerst das Unfallkrankenhaus, anschließend der Arzt der Früh-Reha im *Siechhaus*, dann die Rehaklinik und nun, in der Nachsorge, soll es eine freie Arztpraxis sein. So erinnere ich mich an meinen damaligen Volleyball-Mitspieler Henning. Er hat seine neue modernere Praxis in Neuenhagen in einem von ihm mit errichtetem Ärztehaus erst vor Kurzem eingerichtet. Vorher arbeitete er in älteren Praxisräumen in der Nähe des Bahnhofs. Das neue Haus ist immer noch in Teilen in der Bauphase. Vor allem die Außenanlagen sind noch nicht ganz fertig. Im Inneren ist davon aber weniger zu spüren.

Von diesen Motiven geleitet bin ich nun seit Mitte Dezember bei ihm in Behandlung. Wobei man von Behandlung im wörtlichen Sinne auch nicht wirklich sprechen kann. Er kann mir eigentlich nur die erforderlichen Krankenscheine ausstellen, die Erweiterte ambulante Physiotherapie (EAP) verordnen und die Transportscheine drucken. Die normalen Schmerztabletten bekomme ich auch von ihm per Rezept. Sicher, er muss als D-Arzt die Kommunikation zur Berufsgenossenschaft aufrecht erhalten und seine Verordnungen begründen. Aber dafür verdient er gutes Geld, weil der Träger ja eben die BG ist. Die behandelnden Ärzte werden etwa vergleichbar zu Privatpatienten honoriert.

Nicht nur der erste, sondern auch der zweite Termin bei ihm beginnt mit der Begrüßung: „Warum hinkst du denn eigentlich so?“ Sofort fallen mir die verrückten Streiche ein, bei denen Situationen konstruiert und gefilmt werden, um diese dann zur Belustigung einem Publikum zu zeigen. Deshalb frage ich zurück: „Wo ist denn die versteckte Kamera?“ Er hat sich offensichtlich meinen Behandlungsbericht und die Röntgenaufnahmen bis dahin und auch im Verlauf des Gesprächs nicht mal angeschaut! Er geht völlig unvorbereitet in das Patientengespräch! Unglaublich! Oder ist das seine Art von subtilem Humor? Ist nun dieses lockere Auftreten besonders kumpelhaft oder einfach nur ignorant?

Verschiedene Dinge macht sich Henning sehr einfach. Die Nähe ist ein Vorteil, aber hier offenbart sich wohl die Kehrseite. Wer das eine will, muss wie so oft das andere mögen! Zum Beispiel ist er nicht berechtigt, Betäubungsmittel zu verschreiben. Er müsste dafür verschiedene Prüfungen ablegen, sein Personal schulen und seinen Vorrat sicher verwahren. All das kostet Geld! Er schickt seine Patienten dann doch lieber zu ihrem behandelnden Hausarzt, um diesen mit der Verschreibung zu betrauen. Für ihn sicher eine sehr bequeme Lösung. Für seinen Patienten, in dem Falle für mich, ist dieser Umstand mit vielen Mehrwegen verbunden. Infolgedessen habe ich meine so dringend benötigten BTM nur mit erheblicher Verzögerung bekommen. Dies bereitet mir jedoch erhebliche zusätzliche und vor allem unnötige Schwierigkeiten! Von der Median-Klinik habe ich nach meiner Entlassung am Freitag nur Tabletten bekommen, die über das darauffolgende Wochenende reichen. Gut, dass ich im Verlaufe der Reha einige Tabletten gebunkert habe! Ohne diese hätten mir wirklich zermürbende Tage bevorgestanden!

Die einfachen analogen Schmerzmittel wie Paracetamol und Ibuprofen kann er mir verschreiben. Da ich noch immer über starke Rückenschmerzen klage, verordnet er mir zum schrittweisen Ersatz der Tabletten noch ein anderes Mittel, das entzündungshemmende Wirkung mit Schmerzunterdrückung vereinen soll. Leider ist dies nicht für Patienten geeignet, die gleichzeitig an einem Lymphödem leiden. Im Gegenteil, es würde zu erheblicher zusätzlicher Schwellung führen. Gut, dass wenigstens ich die entsprechenden Beipackzettel vor der Einnahme lese! Aber vielleicht sollte er sich mal damit beschäftigen. Mir klingt noch der Satz in den Ohren, den die Medikamentenwerbung immer in ähnlicher Form anfügen muss:

Wegen Risiken und Nebenwirkungen erschlagen Sie Ihren Arzt und den Apotheker oder fressen Sie die Packungsbeilage!

Eines muss ich aber nach Rücksprache mit Charité-Bine richtigstellen. Das verschriebene Medikament „Etoricoxib“ ist nicht so schlimm, wie es beim Lesen des Beipackzettels erscheint. Das ist bestimmt oft so. Ich nehme es auf ihr Anraten nun doch seit ca. zehn Tagen. Ich muss sagen, es wirkt sehr gut, wenn erst mal ein gewisser Wirkstoffspiegel aufgebaut ist. Ich muss mich in diesem Punkt bei Henning entschuldigen…

Kapitel 10
Arbeit

Inzwischen gehe ich schon seit Mitte Dezember jeweils für einen halben Tag in die Erweiterte Ambulante Physiotherapie in die Median-Klinik. Seit nun vier Monaten von Montag bis Freitag. Heute ist mal wieder ein Termin mit meinem D-Arzt Dr. Henning Vogel für eine BG-Besprechung anberaumt. Die Berufsgenossenschaft entsendet dazu den Reha-Manager, der mich betreut. In meinem Fall von Anfang an Herr Wenzel.

Er begibt sich schon zum Anfang der Unterredung in eine stille Ecke des Behandlungszimmers und beginnt während der Besprechung im Arztzimmer zu telefonieren und verschiedenes zu organisieren. Als er schließlich damit fertig ist, eröffnet er uns, dass er jetzt mal *klare Fakten* geschaffen habe. Im Namen der Berufsgenossenschaft hat er mir gerade telefonisch noch mal eine Reha vermittelt. Und zwar stationär für weitere vier Wochen in der Sana-Klinik Sommerfeld, die sofort beginnen soll. Diese solle sich insbesondere auf Arbeitstherapeutische Ergotherapie konzentrieren. Dieses Programm durchliefen in der Median-Klinik Hoppegarten auch schon andere „Leidensgenossen". In diesem Rahmen mussten sie Grasflächen abharken, Laub und Papier aufsammeln und Beete vom Unkraut befreien.

Ganz toll! Super! Zu Hause kann ich das nicht, weil mir dabei sämtliche Knochen schmerzen und in einer Reha verlangt man mir genau diese Tätigkeit ab…

Ich falle aus allen Wolken! Und mein D-Arzt Henning auch. Kann das sein Ernst sein? Ich habe zwar nach einer weiteren Serie EAP, also der erweiterten ambulanten Physiotherapie, gefragt, aber nicht nach einem erneuten stationären Aufenthalt. Jedenfalls nicht im Moment!

„Vier Wochen im Mai, das geht gar nicht!“, sage ich ihm. „Ich habe im Mai verschiedene Termine, unter anderem meine Silberhochzeit. Das passt überhaupt nicht ihn mein Leben! Ich bin seit September, also die letzten fast acht Monate ausschließlich mit Reha beschäftigt! Für den Moment habe ich eher mal eine Pause nötig! Ich werde diese Reha nicht antreten, Herr Wenzel!“

Nun ist er derjenige, der den Mund nicht mehr zu bekommt. „Ich habe jetzt bereits alles organisiert! Das ist fest und in Sack und Tüten!“, erwidert er.

Ich bleibe jedoch bei meinem *NEIN*. „Sie hätten mich eventuell mal vorher fragen oder es mir einfach mal vorschlagen sollen, bevor Sie alles festmachen!“, gebe ich zurück, worauf er übersäuert reagiert.

Kurz angebunden ordnet er die Arbeitsbelastungserprobung (ABE) mit sofortiger Wirkung an. „Wenn Sie keine Reha brauchen, können Sie ja auch arbeiten gehen!“

Ich will diese Einarbeitung zwar zeitnah antreten, das haben wir zuvor so besprochen, aber zwei Wochen Entspannung nach der langen intensiven Zeit hatte ich mir schon vorgestellt. Doch nun muss nach seinen Willen alles holterdiepolter gehen.

Nun endet mein Rehasport schon in zwei Tagen. Dann ist der 01. Mai als Feiertag frei und gleich am Tag danach soll sich sofort der Arbeitsbeginn im sogenannten *Hamburger Modell* anschließen. In meinen Augen eine Frechheit! Auch bei jedem, dem ich davon berichte, stoße ich auf Unverständnis! Na gut, ich lasse mich vorerst darauf ein…

Heute, am 02. Mai, beginnt nun also meine Arbeitsbelastungserprobung, wie diese Einarbeitungsphase auch heißt. Der erste Tag ist sehr kurz angesetzt, denn ich habe am frühen Nachmittag noch einen Termin bei meinen Durchgangsarzt. So bin ich heute insgesamt nur zweieinhalb Stunden am Arbeitsplatz. *Mein* Arbeitsplatz ist in dieser Hinsicht eigentlich zu hoch gegriffen, denn ich bin eigentlich nur anwesend und habe mich von allen begrüßen lassen. Die Freundin eines Kollegen hat sogar einen Kuchen zu diesem Anlass gebacken und ihm mitgegeben. Lieb von ihr!

Ein komisches Gefühl ist es aber doch irgendwie. So ein bisschen wie der erste Schultag nach den großen Sommerferien. Der Kuchen kommt einer Schultüte gleich und am ersten Schultag wird ja auch mehr über den Stundenplan und alles andere organisatorische gesprochen, als dass Unterricht durchgeführt wird. So ist es bei mir heute auch. Erstmal sehen, wo der vorübergehende Arbeitsplatz sein wird, dann mal checken, was der Vertreter gemacht hat und schließlich mal probieren, ob der Maschinenkaffee noch genauso scheußlich schmeckt wie zu der Zeit, als ich das Haus im August des Vorjahres unfreiwillig verließ.

Alle sind natürlich neugierig und wollen wissen, wie es mir geht bzw. in der Zeit erging. Manche fallen mir um den Hals. Alle ärgern sich über meinen Vertreter Jörn Priechnow ausreichend. Sie hoffen auf meinen baldigen Wiedereinstieg! In der Zeit, in der ich heute anwesend bin, verkauft er zwar ein Auto, muss aber gleichzeitig fast ein Storno hinnehmen. Er hat dem Kunden einfach eine Kleinigkeit verschwiegen. Es handelt sich bei dem erworbenen Fahrzeug um einen ehemaligen Mietwagen. Ein Kardinalsfehler! So etwas muss dem Kunden vor Kaufentscheidung unbedingt klargemacht werden. Nur mit dieser Information kann er sich rechtssicher dafür oder dagegen entscheiden. Und ein weiterer Kunde beschwert sich, weil alles anders läuft als besprochen.

Ich habe mich jahrelang dort eingebracht und immer nach bestem Gewissen gearbeitet. Sicher läuft nicht immer alles glatt, aber es hängt auch ein bisschen davon ab, wie man mit Leuten umgeht und ob man sich Mühe gibt. Das wird unterschwellig bewertet. Jeder hat seine Tagesform und jeder arbeitet zu verschiedenen Zeiten auch unterschiedlich. Mit Sicherheit habe ich nicht immer nur alles richtig gemacht. Aber ich habe mich darum, wie man so treffend sagt, *stets bemüht*! Mein Vertreter hat zumindest einen bleibenden Eindruck hinterlassen, wenn dieser auch nicht immer der beste ist. Gut an der ganzen Situation ist, dass alle beteiligten Mitarbeiter und Kunden nun auch die Unterschiede sehen. Schön, dass es dadurch Leute gibt, die darauf warten, dass ich das Ruder wieder übernehme.

Henning hat mir beim letzten Besuch auch wieder Physiotherapie verordnet, jedoch ist diese Verordnung das Papier nicht wert, auf dem sie gedruckt ist! Was bringt mir das Rezept, wenn es keine freie Physiotherapie-Praxis einlösen kann? Termine im räumlichen Umfeld vom Wohnort gibt's frühestens ab September. Jetzt ist gerade Anfang Mai! Andere Praxen melden sich auf telefonische Anfrage gar nicht erst zurück. Wenn es Therapeuten gibt, die weiter entfernt sind, ist das wiederum nicht mit der Arbeitszeit zu vereinbaren. In diesem Falle müsste ich die ABE unterbrechen. Ich werde diese Thematik übermorgen beim nächsten Besuch mal mit ihm besprechen.

Tags darauf besucht mich der Mann von der Berufsgenossenschaft am Arbeitsplatz, weil er sehen will, wie die ABE läuft. Auch ihm trage ich meinen Kummer vor, dass es keine freien Termine für die Physiotherapie gibt. Kaum ausgesprochen, organisiert mein Reha-Manager für mich Behandlungen in einer nahegelegenen Physiotherapie-Praxis. Nicht wie erwartet nahe von zu Hause, sondern in der Nachbarschaft des Autohauses. Diese kann ich zu Fuß von meiner Arbeitsstelle aus erreichen. Es sind nur zweihundert Meter Luftlinie zu laufen. Super! Die Krankengymnastik und die Lymphdrainage sind mir sehr wichtig! Ich merke bereits nach einer Stunde Sitzen, dass der Fuß anschwillt und sich die Sehnen im Bein merklich verkürzen. Es fühlt sich an, als wäre der rechte Fuß eine riesige unförmige Masse, die immer weiter expandieren möchte. Zurückzuführen sind diese Fehlempfindungen auf die noch nicht wieder verknüpften Nerven. Die fehlenden Signale werden in meinem Schaltkasten, der sich in meinem Kopf befindet, selbstständig ergänzt und zu einem Informationsbrei verarbeitet. Nun meint der Kopf, von dem ich hin und wieder denke, dass er nicht mir selbst gehört, er hätte alle Informationen und setzt sie in ein Gefühl für mich um. Er, der Denkapparat, ist damit rundum zufrieden. Ich als sein Besitzer teile seine Meinung aber keineswegs…

Der erste Termin bei Frau Obermayer ist mehr ein „Beschnuppern“ und wir planen weitere Termine. Zum *Lymphen* ist anschließend aber doch noch genug Zeit. Dafür streifen wir die Krankengymnastik heute nur. Schon beim zweiten Besuch ist die Schonzeit vorbei und das Programm deutlich anstrengender! In Socken muss ich auf einer weichen Unterlage stehen. So weit, so gut! Nur packt sie ein paar unerwartete Gemeinheiten aus. Sie versucht, mich durch unerwartetes Schieben und Schubsen aus dem Gleichgewicht bringen und fordert, ich dürfe das nicht zulassen. Dann folgen verschiedene Übungen, die auch auf die Verbesserung des Stand-Gleichgewichts abzielen und die Rückenmuskeln stärken sollen. Noch ein paar Trainingseinheiten mit einem Schwingstab, die ich stark im Rücken spüre, bis endlich wieder der *Wellness-Teil* dran ist: die Lymphdrainage.

Gleich noch am heutigen Abend traue ich meinen eigenen körperlichen Empfindungen kaum! Ich komme ohne zusätzliche Schmerzmittel aus und habe trotzdem fast keine Rückenschmerzen. Zumindest sind sie erträglich. Gleichzeitig verzichte ich auf die Walking-Stöcke beim Laufen, und es fällt mir nicht mal schwer! Sensationell! Sollte das schon der erste Behandlungserfolg sein? Als ich der Therapeutin bei der dritten Behandlung davon berichte, freut sie sich! Aber sie versucht gleichzeitig so zu tun, als wäre es das Normalste der Welt…

Kurze Zeit später laufe ich zu Hause im Rahmen meiner täglichen Gehübungen zum ersten Mal ein ganzes Karree ohne die Unterstützung meiner Stöcke! Es ist ohne Frage sehr anstrengend, aber trotzdem ein ganz besonderes Gefühl des Fortschritts!

Seitdem versuche ich auf die Erleichterung durch Gehhilfen jeglicher Art ganz und gar zu verzichten. Ich denke, jeder Rückgriff auf die Stöcke hält mich davon ab, meine eigene Balance zu finden. Natürlich zwickt es noch hier und da und treibt mir manchmal auch vor Schmerzen die Tränen in die Augen, aber ich bin überzeugt, auch das wird vergehen und sich durch ein bisschen Training weitgehend normalisieren. Einzig während meiner Anwesenheit am Arbeitsplatz nutze ich sie noch.

Nun gehe ich seit gut zehn Tagen arbeiten. Also im Rahmen der zuvor schon ausführlicher beschriebenen Arbeitsbelastungserprobung. Ich absolviere jetzt alle Tage vier Stunden. Ich kann jedoch weder das Bein zur Entlastung der Lymphgefäße hochlagern noch habe ich ausreichend Bewegung, um meinen Muskelapparat weiter zu trainieren. Gleichzeitig ist das Sitzen nicht übermäßig förderlich, weil dadurch neue Stauungen entstehen. Ein Teufelskreis!

So eine ABE ist erst mal eine gute Sache, um wieder in den Beruf zu kommen. Durch alle unfall- und rehabedingten Umstände ist das Thema Arbeit jedoch für mich nicht unbedingt weiter in den Vordergrund gerückt. Alle möglichen Therapien und sonstigen Anstrengungen schieben den beruflichen Wiedereinstieg immer weiter aus meinem zentralen Blickfeld, bis eine normale Arbeit wie vor dem Unfall schließlich im Schatten der Geschehnisse sehr unwirklich erscheint.

Ich habe meinem lieben D-Arzt rechtzeitig angekündigt, mich mit ihm eingehender über den Abbruch oder das zeitweilige Aussetzen der ABE unterhalten zu wollen. Argumente habe ich genug im Gepäck. Er will sich jedoch zunächst nicht recht darauf einlassen und schickt mich weiter arbeiten. Er vertritt die Meinung, wir würden dadurch mit der Berufsgenossenschaft Ärger bekommen. So ein Abbruch ginge nicht so einfach, wie ich meine. Ich gehe also weiter arbeiten.

Mein *Arbeitsalltag*, soweit ich ihn mal so nennen möchte, sieht nun in erster Linie so aus, dass ich die geforderte Stundenzahl anwesend bin. Vielmehr ist auch nicht möglich. Und schon nach drei Wochen schafft es mein Arbeitgeber dann doch, mich mit einem ersatzweise bereitgestellten Laptop auszustatten. Darin sollen die wichtigsten Funktionen in abgespeckter Form abrufbar sein. Aber durch meine lange Abwesenheit sind in sämtlichen Programmen die Passwörter deaktiviert. Alles in allem die bestmögliche betriebliche Vorbereitung meines Wiedereinstiegs! Diesbezüglich empfinde ich großen Stolz und genieße die entgegengebrachte Wertschätzung! Ich brauchte eine weitere Zeit, um diese wieder zu beschaffen und die Programmzugänge wieder aktivieren zu lassen. Nun funktioniert das wenigstens. Aber drucken kann ich noch immer nicht. Dafür müsste noch ein Kabel beschafft und die entsprechenden Treiber per Fernwartung installiert werden. Das alles sind scheinbar unüberwindbare Hürden…

Vier Wochen gehen so ins Land. Nicht einen Kunden habe ich in dieser Zeit ernsthaft bedienen können. Im Gegenteil! Ich muss wie gelähmt zuschauen, wie meine vermeintliche Vertretung meine Kunden *vergewaltigt*. Anders kann man seinen Umgang mit den Menschen nicht nennen! Und wenn ich all diese Barrieren doch mal überwinde, geht‘s in den Gesprächen doch nur um den Unfall und wie es mir denn so ergangen ist… Die Walking-Stöcke, die ich noch immer zum Laufen benötige, wirken wie ein Wegweiser, der ausschließlich auf dieses Thema ausgerichtet ist. Bestimmt kann sich jeder vorstellen, dass an ein normales Verkaufs- und Beratungsgespräch so nicht zu denken ist!

Als eine richtig große Hilfe und gute Freundin stellt sich Gisela heraus! Ich habe sie während der Reha in Hoppegarten kennengelernt. Sie ist unserer per Aushangzettel formulierten Bitte gefolgt, sich als Mitspieler unserer kleinen

Doppelkopfrunde anzuschließen. Gisela meldete sich neben einer weiteren Interessentin und erlernte das Spiel von uns recht schnell. Das war die Initialzündung für ein besseres Kennenlernen. Schließlich wurde sie vor mir entlassen und gab mir an ihrem letzten Tag mit auf den Weg: „Und wenn mal was sein sollte, dann wende dich ruhig an mich! Ich arbeite bei einer Berufsgenossenschaft!“

Ein sehr wertvoller Tipp, wie sich jetzt herausstellen soll!

In der Zeit der EAP sehen wir uns fast regelmäßig zum Kaffeetrinken. Sie fährt mich dann auch ein paar Mal nach Hause. Wir besuchen Gisela schließlich auch zu Hause und verleben einen schönen Abend zu viert! Sie gibt mir sehr wichtige Hinweise und Anregungen!

So vorbereitet habe ich nach vierwöchiger ABE meinen nächsten regulären Termin bei Dr. Vogel. Ich nehme mir vor, im Gespräch eindringlicher zu werden und keine Konjunktive zu verwenden. *Kein würde*, *sollte* und *könnte*! Wieder druckst er herum und beginnt von Ärger zu sprechen, den wir bekämen. So ein Quatsch, wie Gisela später bestätigt. Sie stimmt zum Vergleich meinen Fall auch parallel mit dem Berufshelfer ihrer BG ab. Meine mangelnde Gehfähigkeit ist demnach noch gar nicht für eine ABE geeignet.

Im Arztgespräch bringe ich das unter anderem auch als Argumentation ein. „Wenn ich mich ohne einen Unfall so fühlen würde wie jetzt, dann würde ich auch dich als Arzt aufsuchen und mich, bis eine Besserung zu verzeichnen ist, von der Arbeit befreien lassen.“ Das fehlende technische Equipment im Job werde ich hier absichtlich nicht ansprechen. Es taucht sonst im BG-Bericht auf und könnte in der Firma böses Blut heraufbeschwören. Dazu hat mir auch

Kirsten geraten. Außerdem fachsimple ich: „Solange ich durch das fehlende Gefühl im Fuß und die Lymphstauungen nicht ordentlich auftreten kann, werde ich immer in Schonhaltungen verfallen und meine Rückenschmerzen nicht loswerden. Erst mit vernünftigem Gangbild wird sich mein Rücken bessern!“

Henning hält das für Unsinn … Er bricht auf mein Drängen hin die ABE ab. Natürlich nicht, ohne mir vor den dramatischen Folgen nochmal eindringlich Angst zu machen. „Du wirst vorgeladen und dann bescheinigen sie dir einen Verharrungszustand. Also dass nichts mehr verbessert werden kann. Auch nicht mit irgendwelchen Therapien. Dann gibt's eine Teilrente von zwanzig Prozent, von der du nicht leben kannst!“

Was für ein Blödsinn, wie Gisela später bestätigt!

Ein weiterer Grund für meinen Abbruch der Einarbeitung ist mein anhaltender Konsum von Morphin. Dadurch darf ich nicht mal selbst autofahren! Für alle Touren werde ich auf Kosten der Berufsgenossenschaft mit einem Krankentransport gefahren.

Ich fahre daraufhin in den Betrieb und rede mit den Verantwortlichen. Wie erwartet treffe ich auf großes Verständnis! Meiner Personalabteilung teile ich es per Mail mit.

Ich werde gern einen weiteren ernst gemeinten Versuch der Wiedereingliederung unternehmen, wenn es mir gesundheitlich besser geht! Laufen ohne, oder wenigstens mit vertretbaren Schmerzen, ist aber Voraussetzung!

Kapitel 11
Entzug

Anfang April 2019 beschließe ich, meine Opiate abzusetzen. Eigentlich spricht man richtigerweise von Opioiden. Man muss diese Medikamente nicht verteufeln! Im Gegenteil, sie machen einen neben der Schmerzstillung sogar noch high auf Rezept! Sie haben mir jedenfalls gute Dienste geleistet und später überhaupt erst eine Physiotherapie ermöglicht. Immerhin haben sie mich eine lange Zeit schmerzarm gemacht. Im Gegensatz zu alternativen Schmerzmitteln greifen die Opiate die inneren Organe nicht an. Sie haben keine organischen Nebenwirkungen. Die meisten Schmerztabletten schädigen bei längerer Einnahme die Nieren, den Magen, den Darm oder die Leber. Oder alle in Kombination. Allerdings verursachen Opiate relativ schnell Abhängigkeiten. Heißt, man treibt hier den Teufel mal wieder mit dem Beelzebub aus. Trotzdem haben sie richtig dosiert und überwacht eingenommen überwiegend Vorteile.

Angefangen habe ich nach der ersten Operation mit einer sehr hohen Dosierung. Nach und nach bin ich nun durch wiederholte Reduzierungen bei nur noch dreimal fünf Milligramm pro Tag angekommen, nur noch einem Achtel der Anfangsdosis.

Die Empfehlung heißt von allen übereinstimmend *ausschleichen*. Aber wie soll das zum Schluss gehen? Es sind Retard-Kapseln. Das bedeutet, dass sich der Wirkstoff aus einem Vorrat langsam als gleichbleibender Spiegel freisetzt. Dazu hat bislang alle acht Stunden eine Tablette gereicht. Nehme ich nun eine weniger und setze den Rhythmus auf zwölf Stunden, sinkt der Wirkstoffspiegel zweimal täglich und verursacht massive Entzugserscheinungen. Gleichzeitig zeigen sich wieder Schmerzen, nur in viel größerem Ausmaß als ohne Medikation, und ausgeprägte Stimmungstiefs. Das brauche ich nicht morgens und abends aufs Neue, denke ich mir. Das Ganze steigert sich dann noch, wenn ich später vielleicht mal auf nur noch eine Tablette drosseln will. Eine kleinere Dosierung als die Fünf-Milligramm-Kapseln gibt es nicht. Deshalb steht mein Entschluss fest! Nach reiflicher Überlegung starte ich den *harten* oder auch *kalten Entzug*.

Der erste Freitag und der Abend verlaufen relativ entspannt. Nur ein paar Schmerzen mehr als mit voller Wirkstoffdosis. Die darauffolgende Nacht zeigt mir den Entzug dann schon deutlicher, aber noch nicht so schlimm wie erwartet. Hier hilft, entgegen meiner sonstigen Natur, eine pessimistische Herangehensweise. Man nehme einfach an, dass alles sehr schlimm und grausam werde. Wenn es dann mäßiger kommt, ist das Grund genug zur Freude…

Tags darauf, also Sonnabend, steigert sich nun der empfundene Entzug und wirkt nun auch sehr stark stimmungsverändernd. Natürlich wie vorstellbar nicht zum Positiven. Das macht sich durch starkes Unruhegefühl bemerkbar, überstarke Schmerzen und es stellt sich eine unendliche Traurigkeit ein, gegen die es auf der ganzen Welt kein Mittel gibt. Manchmal auch regelrechte Wut. Diese Gefühle wechseln sich ab und werden fast unbeherrschbar. Ich beneide die Menschen, die mich gerade ertragen müssen, nicht! Die Schmerzen kann ich mit Paracetamol, einem als relativ harmlos eingestuften alternativen Schmerzmittel, einigermaßen unterdrücken. Aber den gefühlmäßigen Teil, und nun auch verstärkt Krämpfe und zitternde Hände, bekomme ich nun in vollem Umfang zu spüren. Das lässt mich in der folgenden Nacht zum Sonntag wieder kaum schlafen und fast irre werden. Keiner der Tricks, die sonst mal gegen eine unruhige Nacht helfen, bringt hier das gewünschte Ergebnis. Gegen fünf Uhr schlafe ich vermutlich vor Erschöpfung ein. *Tavor* hilft mir dabei. Es ist ein kurzer und wenig erholsamer Schlaf, der mit Krämpfen und Panikattacken schon gegen neun Uhr wieder endet.

Was bringt nun der Sonntag? Tag drei der selbst auferlegten Entziehungskur! Früh schlucke ich sofort nach dem Aufstehen eine Paracetamol. Die Wirkung ist jedoch sehr verhalten, soweit man überhaupt von einer sprechen kann. Das treibt mir erneut die Wut darüber in den Kopf, was mich sofort zur zweiten Tablette greifen lässt. Schon besser, zumindest nach einer kurzen Zeit der Wirkstofffreisetzung! Nicht viel, aber etwas.

Im Tagesverlauf hilft am besten eine schöne Ablenkung. Birgit besucht uns zu Hause in Fredersdorf zum gemeinsamen Brunch. Zusammen fahren wir dann noch Eis essen in Hennickendorf. Später wollen wir noch zum Genesis-Cover-Konzert nach Neuenhagen. Nicht als solche gedacht, aber auch eine gute Ablenkung vom Entzug…

Das Konzert ist echt spitze! Die Truppe, die sich *Genises* nennt und neben alten auch zeitgenössische *Genesis*-Titel covert, hat‘s wirklich drauf! Und in ihren Adern fließt absolut nur pures Genesis-Blut!

Und schon wieder ist Montag und ein neuer Entzugstherapietag bricht an. Meine Nacht ist trotz erneuter Unterstützung mit Beruhigungsmitteln ähnlich der vorigen. Gegen drei Uhr bin ich vermutlich eingeschlafen, bis mich

Kirsten wie gewünscht gegen sieben Uhr weckt. Ich döse dann nochmal ein und wache gegen halb neun durch Kirstens lieb gemeinten Kontrollanruf auf. So starte ich nun in den vierten Tag meines Drogenentzugexperiments.

Tag fünf und noch immer ist nichts anders. Die Nacht beginnt wieder mit Unruhe, Tavor und Schlaflosigkeit. Später schlafe ich dann doch ein. Diesmal aber ohne noch eine weitere Tavor-Tablette einzunehmen. Bislang schaffe ich es, keine Schmerztabletten zu schlucken. Ich gebe noch immer die Hoffnung nicht auf, dass sich das Ganze irgendwann normalisiert! Tagsüber werde ich meinem Therapie-Tagesprogramm nachgehen. Motorschiene, Gerätetraining, Krankengymnastik und lendenwirbelsäulenstärkende Gruppengymnastik. Ist ja nicht so, dass ich hier in meiner täglichen Physiotherapie faulenzen würde…

Nun ist der sechste Tag angebrochen. Endlich kann ich mal wieder eine Nacht relativ gut und tief schlafen und fühle mich am Morgen richtig erholt! Bis auf die elenden Rückenschmerzen, die nach einer Stunde auf den Beinen wieder ihr Unwesen treiben. Es hat sich aber wahrscheinlich auch mehr als genug Müdigkeit angestaut. Den tiefen Schlaf kann ich noch nicht als eine allgemeine Besserung der Entzugsumstände werten. Aber bleiben wir mal in dieser Beziehung optimistisch…!

Siebenter Tag. Ich glaube, ich habe es so gut wie überstanden. Die Schmerzen, die ich empfinde, halten sich in einem als normal zu bezeichnendem Rahmen und die Gefühle spielen nicht mehr so verrückt. Das Zittern, die Kopfschmerzen und die Unruhe haben nachgelassen. Die Krämpfe werden mich wohl noch einige Zeit begleiten.

Kapitel 12
Die UBS (Unfallbehandlungsstelle der BG)

Gisela habe ich schon einige Seiten zuvor vorgestellt. Sie ist eine ehemalige *Mitgefangene* aus der Reha Hoppegarten. So bezeichne ich gern scherzhaft Leute, die ich dort kennengelernt habe, während sie auch eine Reha zur gleichen Zeit wie ich absolvierten. Sie arbeitet selbst bei einer Berufsgenossenschaft. Genauer bei der BG-Verkehr. Also nicht bei derselben, von der ich vertreten werde. Sie gibt mir immer die allerbesten Ratschläge, wie ich die Angebote der Berufsgenossenschaften im Umgang mit Ärzten und meiner eigenen BG besser nutzen kann. Der, wie sich nun herausstellt, wichtigste Hinweis ist, mir selbst einen Termin in der UBS geben zu lassen. Das ist die Unfallbehandlungsstelle der Berufsgenossenschaften in Berlin. Ich solle mir dort eine gutachterliche Zweitmeinung zu meinem Stand des Heilungsprozesses einholen. Nicht mehr und nicht weniger! Ganz einfach, um den Aussagen und der Ignoranz von Dr. Henning Vogel etwas Fundiertes gegenüberstellen zu können.

Henning ist es ja, der sich vom Drängen meines BG-Managers einschüchtern ließ und daraufhin viel zu früh die Arbeitsbelastungserprobung verordnete. Meine Gehfähigkeit war ja wie gesagt noch nicht mal annähernd wieder hergestellt, was ihn aber nicht davon abhielt. Später schließlich muss er sie auf mein Verlangen wieder zurücknehmen.

Ich folge also dem guten Rat von Gisela und lasse mir einen Termin in der UBS geben.

Am 20. Juni ist die Begutachtung angesetzt. Ich fahre nach Wilmersdorf in die Hildegardstraße, um mich dort auf eigenen Wunsch vorzustellen. Zugegeben, nicht ganz ohne ein wenig Herzklopfen…

Der relativ junge Arzt, Dr. Köstner, empfängt mich sehr freundlich! Ich begrüße ihn mit den Worten: „Schön, dass Sie sich die Zeit nehmen! Ich bin ja auf eigenen Wunsch hier! Meist werden bestimmt nur Patienten vorgeladen, oder? Ich hätte gern eine aussagefähige, gutachterliche Zweitmeinung zu meinem Behandlungsverlauf!"

Er kann sein Erstaunen darüber nicht verbergen, das mit Begeisterung gemischt ist. Der engagierte junge Arzt untersucht mich wirklich gründlich!

„So", sage ich ihm, „hätte ich mir nur ein einziges Mal eine Untersuchung bei Dr. Vogel vorgestellt!"

An dieser Stelle erweist sich der nächste Hinweis von Gisela als äußerst hilfreich: Sie riet mir vor dem Termin, meine Befindlichkeiten aufzuschreiben. Also in Stichpunkten: *Was kann ich, was kann ich nicht, was ist schwierig, wie geht es mir* und *welche Medikamente sind zur Zeit notwendig*. Ich übergebe ihm während der Untersuchung meine handschriftlichen Notizen. Diese zwei Seiten faszinieren ihn! Er spart sich viele Fragen und diktiert schließlich meine Hinweise ohne wesentliche Veränderungen in seinen Untersuchungsbericht. Er ist wirklich sehr objektiv und gründlich!

Am Ende zieht er sein Fazit. Er schließt den Erfolg einer weiteren stationären Reha zumindest für den Moment aus. Das würde seiner Meinung nach nichts Entscheidendes bringen. Nach seiner Auffassung ist weitere Krankengymnastik und Lymphdrainage wichtiger, wie ich sie ja auch schon geraume Zeit wahrnehme. Und natürlich auch mein eigenes Training. Wir stimmen zu hundert Prozent in unseren Meinungen überein! Er empfiehlt ein neurologisches Re-Konzil wegen meiner noch immer auftretenden Miss-Empfindungen in Fuß und Unterschenkel. Auch diese Empfehlung nehme ich gern an, weil ich das auch sehr bald mal loswerden möchte. Noch während unseres Gesprächs organisiert er einen passenden Termin im Unfallkrankenhaus Berlin (UKB). Zeitlich schätzt er meinen gesamten bisherigen Behandlungsverlauf als relativ schnell ein. Wir wären ja erst bei noch nicht mal einem Jahr, und das bei dieser Schwere der Verletzungen! Hier stelle ich mir immer wieder die Frage, welche Maßstäbe Henning ansetzt…

Einer neuen ABE steht seiner Einschätzung nach nichts im Wege. Aber auf gar keinen Fall vor Ende August. Ruhe im Wechsel mit Übungen zur Mobilisation wären die entscheidenden und hilfreichen Maßnahmen! Ich bin absolut zufrieden und werde mir gleich einen weiteren Termin dort geben lassen!

Jetzt, beim zweiten Besuch in der UBS, steht die Auswertung des Berichts der Neurologin aus dem UKB auf dem Programm. Gleichzeitig lerne ich auch meinen neuen Reha-Manager, Herrn Marc Bessert, kennen. Zuvor am Telefon hörte er sich schon deutlich sympathischer an als Hr. Wenzel. Das bestätigt sich heute im persönlichen Gespräch mit ihm. Um hier keine falschen Eindrücke entstehen zu lassen, kann ich aber auch über die Arbeit meines bisherigen Reha-Begleiters nichts Negatives sagen! Bis auf diesen *Ausrutscher* mit der ABE hat er mir immer sofort geholfen, wenn ich nur ansatzweise mit dem Finger schnipste.

Trotzdem beginnt auch *der Neue* etwas Druck in die Behandlungsdauer einzubringen. Es war die Rede von einer erneuten ABE, die vielleicht schon im November beginnen könnte. Natürlich ist er kein Mediziner und muss sich auf die Gutachten der Ärzte verlassen. Schön ist jedoch, dass er sich nicht wie der vorige einfach darüber hinwegsetzt. Oder muss ich den *Schwarzen Peter* meinem obrigkeitshörigen D-Arzt zuschieben?

Der UBS-Arzt geht heute zum Teil auch darauf ein. Zumindest schließt er es in diesem Gespräch nicht völlig aus, sondern beraumt einen neuen Termin in zwei Monaten an. Dann soll diese Frage erneut zur Diskussion stehen.

Es ist der 30. August 2019 und für heute ist ein neurologisches Re-Konzil bei Dr. Undine Pohl im Unfallkrankenhaus Berlin (UKB) angesetzt. Dieser Termin kam auf Vermittlung Dr. Köstners von der Unfallbehandlungsstelle zustande.

Alles geht hier recht schnell und dem Anschein nach ist alles gut organisiert! Im Unterschied zu manch anderen Krankenhäusern, die ich inzwischen kennenlernen durfte, ist das wirklich positiv erwähnenswert. Um es noch genauer auf den Punkt zu bringen, das exakte Gegenteil vom Vivantes in der Fröbelstraße, dem *Siechhaus*! Auch das ist wert, hier noch mal in diesem Zusammenhang genannt zu werden…

Frau Dr. Pohl ist eine sehr engagierte Ärztin! Sie erklärt gern sehr bildhaft und scheut sich auch nicht vor weitläufigen Vergleichen. So hält sie seit einiger Zeit ein dickes vieladeriges Telefonkabel im Schreibtisch dafür bereit. Daran erläuterte sie mir die Bestandteile meines Ischias, seine Verzweigungen und sein Wachstum. Und wieder wird hier der Unterschied zwischen Job und Beruf deutlich!

Sie erklärt mir auch genau, was aus nervlicher Sicht in mir vorgeht. Wie sich meine Schaltzentrale und meine Kabel verhalten und miteinander zu kommunizieren versuchen. Bislang war ich immer der Meinung, dass sich verletzte Nerven nicht neu bilden und für immer verloren sind. Ich als mit perfektem Halbwissen voll ausgestatteter Google-Neurologe nahm bis heute an, dass meine Nerven nur durch Schwellungen gedrückt werden und sich an diesen Stellen *erholen* müssen. In meinem Fall Schwellungen im Bereich des Ischias-Nervs am fünften Lendenwirbel, die von den Frakturen und Operationen verursacht wurden. Das ist natürlich, wie ich seit heute weiß, purer Unsinn. Aber hört sich doch toll an, oder?

Sie erklärt mir, dass gequetschte Nerven sich grundsätzlich nicht an den Quetschungsstellen *erholen.* Vielmehr wird die durch diesen Druck unterversorgte Nervenfaser später in voller Länge abgestoßen und von den körpereigenen Aufräumern, wie zum Beispiel Lymphe, entsorgt. Der geschädigte, aber bis zu dieser Stelle intakte Nerv wächst dann von dort aus wie die Wurzel einer Pflanze auf nahezu sein Ausgangsmaß nach. Immer entlang seiner vorbestimmten Bahn. Zu Beginn nur sehr feinaderig als *zartes Pflänzchen.* Aber schließlich wird er wieder an den ursprünglichen Stellen *angeschlossen.* Sozusagen eine Neuverkabelung! Insofern hinkt ihr Vergleich gar nicht so sehr. Wenn alles nach dem natürlichen Masterplan läuft, kann die noch junge und noch filigrane Nervenfaser hier nach und nach wieder ihre neuronale Versorgungsaufgabe übernehmen. Vorerst natürlich noch langsam und nicht in voller Übertragungsstärke. Nur wächst der Nerv nicht unbemerkt! Er probiert vieles aus und spielt hier und da mit ein paar Muskelfasern, mit denen er sich wieder anfreunden will. Der Eigentümer dieser Nerven und Muskeln, also ich, muss diese Experimente und Verständigungsschwierigkeiten in Form von Krämpfen und Schmerzen hinnehmen. Was für ein Spaß! Dieses Nervenwachstum geschieht mit einer Durchschnittsgeschwindigkeit von einem Millimeter täglich. Rechnen wir weiter: Das heißt, zirka drei Zentimeter monatlich und somit rein rechnerisch etwa sechsunddreißig Zentimeter jährlich. Wer nun weiß, dass so ein Bein-Nerv bis zu seiner Quelle etwa einhundertzwanzig bis einhundertdreißig Zentimeter lang ist, wird schnell darauf kommen, dass es dann um wenigstens drei bis vier Jahre Nervenwachstum geht. Bis irgendwann alle nötigen Stellen angeschlossen sind, muss also einiges Nervengewebe nachgebildet werden. Eine Zeit voller Überraschungen und zweifelhafter Vergnügen!

Nun muss das junge dünne Nervenkind noch stabiler werden und in der Stärke wachsen. Nur so kann die geforderte Stromstärke und Leitgeschwindigkeit wieder übertragen werden. So lange werden Empfindungsstörungen, Zuckungen, und manchmal *Zahnschmerzen im Bein* meine liebenswerten Begleiter sein.

Momentan liegt die Übertragungs- oder auch Nervenleitgeschwindigkeit im gesunden linken Bein bei einem Wert von 8,5 m/s und an der gleichen Stelle rechts bei 1,8 m/s. Das macht einen Vergleich schon mal deutlich. Ermittelt werden diese Ergebnisse in einer Messung mittels elektrischer Impulseinleitung entlang der Nervenbahn. Eine lustige Umschreibung für Stromstöße! Das zuckt durch diese Stellen wie der Stromschlag an einem Koppelzaun. Je nach Güte der Leitfähigkeit entsprechend stärker. Also darum am gesunden Bein auch merklich unangenehmer! Der neue Nerv ist also noch um einiges dünner und muss noch etwa das Fünffache an Volumen aufbauen. Frau Dr. Pohl meint, ich solle ihm ordentlich *Dünger* geben! Das geht am besten mit allem, was B-Vitamine enthält. Sie meint damit leider kein Bier, auch keine Apotheken-Präparate, sondern bevorzugt alle grünen und bunten Obst- und Gemüsearten.

Die kleine Stromstoß-Folter ist schnell vergessen. Zumindest für ein halbes Jahr, bis ich mich im Februar 2020 erneut zur Verlaufskontrolle vorstellen soll. Es ist darüber hinaus ein wirklich interessanter Tag und ich habe heute genau zwei Dinge gelernt: zum einen, dass Nerven entgegen meiner bisherigen Meinung nachwachsen und zum zweiten, dass ich noch sehr viel mehr Geduld brauche … Aber auch, dass es gute Chancen gibt, einen großen Umfang an Funktionen zurückzugewinnen. Mit deren Wiederkehren werden gleichzeitig die Missempfindungen nachlassen. Das sind doch gute Nachrichten, oder?

Kapitel 13
Wiedereingliederung

Meiner Ansicht nach ist es für eine Wiederaufnahme meiner Arbeit noch immer viel zu früh, zumal Frau Dr. Pohl, die Neurologin, meint, es solle mal noch niemand strampeln. Das brauche eben seine Zeit!

Mit auf dem Spieltisch liegt nun aber auch meine eigene Einstellung zur Arbeit. Die hat sich über die Zeit der letzten zwölf Monate maßgeblich verändert. Vielleicht muss ich hier präzisieren. Nicht meine allgemeine Arbeitseinstellung ist gemeint, sondern meine Motivation, wieder unter den menschenverachtenden Bedingungen in meiner Firma zu arbeiten. Sämtlicher Druck, der betrieblicherseits ständig aufrechterhalten wird, ist inzwischen von mir abgefallen. Auch das ist eine positive Nebenerscheinung, die dieser Unfall mitbringt! Ich habe auch die Ruhe um mich herum inzwischen schätzen gelernt. Andererseits macht mir mein Beruf Spaß und ein paar Leute, mit denen ich tagtäglich zu tun habe, fehlen mir sogar. Ich bemerke auch, wie sich mein eigener Blickwinkel in der Zeit der Arbeitsunfähigkeit einengt. Ich verliere das Gefühl für Wochentage. Aus dieser Sichtweise betrachtet bin ich froh, irgendwann wieder in mein gewohntes Umfeld zu kommen, auch wenn nicht alles daran positiv zu bewerten ist. Aber wann ist es das schon? Wer das eine will, muss meistens das andere mögen…

Bei meinem letzten Wiedereingliederungsversuch im Mai ist mir wie einem Betrachter von außen bewusst geworden, wie viel Druck den Mitarbeitern im Betrieb aufgelastet wird. Während meiner Zwangspause ist diese Last noch erheblich gesteigert worden! Jeder Verkäufer wird täglich per EDV ausgewertet und verglichen. Diese *Rennlisten* werden zur Einsicht an alle verteilt. Jedem wird offeriert, wie viele Kundengespräche geführt werden, wie viele Anrufe getätigt werden und mit welchem Ergebnis werden Angebote verfasst und versendet oder Transporte veranlasst, werden Wiedervorlagen mit Gesprächsnotizen hinterlegt, werden Fahrzeuge verkauft oder finanziert, wird Leasing angeboten oder verkauft, wie hoch ist die Abschlussquote bei Versicherungsprodukten innerhalb von Bankgeschäften, wie viele Fahrzeugeinheiten werden im Jahres- und Monatsspiegel umgesetzt und auf welchem Ranglistenplatz befindet sich der entsprechende Verkäufer im gesamten Betriebsvergleich? Das ist nur ein kurzer Ausschnitt aus den Auswertungen, die in Abständen in persönlichen Einzelgesprächen diskutiert werden. Wobei *Diskussion* vielleicht nicht das richtige Wort ist. *Inquisition* trifft es eher. Die nächste übergeordnete Stelle hat das natürlich zu kontrollieren und zeitnah mit dem Mitarbeiter auszuwerten! Der letzte Satz spiegelt hier auch den Umgangston wider. Alles ist im Imperativ/Gerundiv verfasst und sofort mit den passenden Konsequenzen bewährt. Beispiel: *Die Verkaufsberater haben eine Mindestanzahl Winterräder zu verkaufen, anderenfalls werden Provisionen gekürzt! Oder: Du hast dies oder das zu tun, sonst Zahn raus!* Das ist der übliche erfrischende Tonfall.

All das habe ich zum größten Teil seit Beginn meiner Krankengeschichte hinter mir gelassen. Angesichts dessen muss ich mich nun ernsthaft fragen, inwieweit ich mich dem erneut und sogar gesteigert aussetzen möchte. Ich stehe hier vor meinem inneren Konflikt, einerseits meinen

Beruf gern auszuüben und andererseits der bewussten Inkaufnahme dieser Art von ständiger Kontrolle und Gängelei. Will ich das?

Mir selbst erscheint meine Antwort natürlich logisch. Nein, ich will das nicht! Kaum ausgesprochen, beginne ich den noch nicht verhallten Satz zu relativieren und benutze in Gedanken schon das Wort *eigentlich*. Diese Einschränkung resultiert unter anderem aus meinem möglichen Renteneintrittsalter. Vor wenigen Tagen waren wir deshalb bei der Deutschen Rentenversicherung, um genau darüber Klarheit zu bekommen. Das Ergebnis ist ernüchternd! Es scheint, als müsste ich noch ganze fünf Jahre arbeiten, bevor ich auch nur einen Cent Rente erhalte. Ich habe bis jetzt angenommen, eine Berentung wäre mit entsprechenden Abzügen früher möglich. Das geht aber offenbar nur zu *Null Komma Null Euro*. Muss man das unter diesen Umständen nicht wirklich ernüchternd nennen? Ich finde, das Wort trifft es gar nicht richtig, aber es fällt mir kein passenderes ein. Hier ist die Leserfantasie gefragt…

Es gibt hier also viel Raum für Pro und Contra. Aber trotzdem freue ich mich auch ein wenig wieder auf meinen Schreibtisch und die Kunden. Besonders auf die, die mir in den schweren Zeiten moralischen Halt geben.

Die Zeit ist schnell verstrichen! Schon wieder ist es Oktober und ich treffe mich wieder mit Herrn Bessert bei Dr. Köstner in der UBS. Wie schon bei den vorangegangenen Besuchen sprechen wir über meine Fortschritte. Ich lege ihm wieder schriftlich dar, was ich inzwischen kann oder auch noch nicht kann. Wie erwartet untersucht er mich wieder recht gründlich.

Bei diesem Besuch soll es auch darum gehen, inwieweit ich ab November vielleicht eine neue Einarbeitung versuche. Darum habe ich schon im Wartebereich ein Gespräch mit meinem BG-Manager geführt. Für ihn steht noch nicht ganz fest, wie mein zukünftiges Arbeitsumfeld aussehen wird. Beim Treffen im Sommer stand auch die Möglichkeit zur Disposition, in der jetzigen Firma zu kündigen und in der Service-Firma (Autohaus Dahms) im Kundendienst zu arbeiten. Das würde bedeuten, weg vom Fahrzeugverkauf und Wechsel in die Werkstattabteilung.

Ziel ist unter anderem, dort nur noch dreißig Stunden pro Woche zu arbeiten. Dies kann ich jedoch zum gegenwärtigen Zeitpunkt ausschließen, denn der Inhaber dieses Autohauses Dahms legt sich nicht fest. Er antwortet mir ausweichend und leider nur unverbindlich, woraus ich schlussfolgern muss, dass er mich nicht einstellen will. Er will überhaupt niemanden dafür einstellen. Der Geschäftsführer übernimmt den Posten aus Kostengründen lieber selbst. Gleichzeitig ist der Verdienst für diese verkürzte Arbeitszeit auch nicht berauschend. Bei einem Anfahrtsweg von über vierzig Kilometern muss mehr als das Fahrgeld herauskommen, damit sich diese Sache lohnt und nicht nur dem Zeitvertreib dient! Also entschließe ich mich vorerst doch dafür, alles beim existierenden Arbeitsverhältnis zu belassen und andere Möglichkeiten später noch einmal auszuloten. Einen deutlich geringeren Verdienst könnte ich mir nur mit einer parallel gezahlten Teilrente leisten. Doch das wird erst zu einem späteren Zeitpunkt geprüft und festgelegt.

Ich schlage den beiden einen Deal vor. Bevor sie darüber sprechen, ob und wann ich in welcher Form wieder arbeiten gehe, unterbreite ich meine Vorschläge. Ich bleibe in meiner Firma angestellt und nehme, rechtzeitig bevor die Zeit der Verletztengeld-Zahlung vorüber ist, meine reguläre Tätigkeit wieder auf. Am 05. Februar laufen diese 78 Wochen ab. Über dieses Datum hinaus arbeitsunfähig zu bleiben, würde bedeuten, Sozialhilfe zu beantragen. Daran würden sich zahllose Umschulungen anschließen, weil ich nach dieser Behandlungszeit somit als berufsunfähig gelten würde. Sozialhilfe bedeutet aber auch, dass ich nichts in die Rentensysteme mehr einzahle. In Folge würde sich bestimmt mein Renteneintrittsalter um jeden Monat nach hinten verschieben, in dem ich nichts einzahle. Meine Chancen, jemals früher als mit fünfundsechzig Jahren in den Ruhestand zu gehen, schwinden dadurch deutlich!

Ich gehe also, so meine Idee, ab Anfang Februar mit einem langen Urlaub beginnend wieder regulär arbeiten. Um finanziell nicht bei Null anzufangen und später die ‚auf Pump' gezahlten Garantielohnleistungen zurückzahlen zu müssen, würde ich vorher gleich ab Anfang Januar eine vierwöchige Arbeitsbelastungserprobung zur Wiedereingliederung nutzen. In dieser Zeit muss es mir gelingen, ein kleines Provisionspolster aufzubauen. Hierfür muss man wissen, dass mein Einkommen von Provisionen abhängt. Diese werden jedoch erst nach komplettem Buchungsabschluss jedes einzelnen Anspruchsfalls ausgezahlt. Das kann vereinfacht ausgedrückt so aussehen, dass ein Kunde einen Wagen bestellt, dieser dann aber erst mit einer Lieferzeit von drei bis vier Monaten übergeben wird. Wenn bei Auslieferung nun zum Beispiel ein altes Auto in Zahlung genommen wird, ist dies Teil des Gesamtgeschäfts und verzögert seinerseits die Auszahlung. Natürlich gibt es noch andere Gründe, warum sich die Provisionsauszahlungen verzögern können.

Für Herrn Bessert stellt mein Vorschlag kein Problem dar. Im Gegenteil. Er ist froh, dass mein Fall damit zu den *vorerst abgeschlossenen* gelegt werden kann und er keine Maßnahmen zur Umschulung einrichten muss.

Dr. Köstner fragt mich zum Schluss mehrmals, ob ich das in dieser Form ab Januar, oder besser ab Februar, wirklich so wolle. Für ihn steht logischerweise die Frage um Renteneintrittsalter und Provisionen nicht auf der Tagesordnung. Er sieht es aus rein medizinischer Sicht. Ich gebe ihm mein „Ja" zu verstehen und er quittiert es mit dem Statement: „Starke Performance! Bei dieser Schwere der Verletzungen in dieser Zeit wieder arbeiten zu gehen, muss man erst mal schaffen!"

Ein anständiger Mann! Von Leidensgenossen habe ich da ganz andere, ja sogar wirklich haarsträubende Geschichten gehört. Ich wünschte, sie hätten einen Arzt wie meinen kennengelernt! Nochmals *danke*, Gisela!

Wir besprechen dann noch ein paar Details, die den Fall als solchen betreffen. Zum Beispiel was passiert, wenn es doch Folgeerscheinungen gibt, die einer Krankschrift bedürfen. Beide Anwesenden erklären mir, dass die Akte nie wirklich geschlossen wird, sondern zeitlebens nur *ruht*. Tritt also etwas auf, muss ich damit zu allererst zum D-Arzt. Der öffnet die Akte wieder, wenn das Krankheitsbild dem Unfall eindeutig zuzuordnen ist, und verfügt die dann notwendigen Schritte oder stellt entsprechende Überweisungen aus.

Die Verlaufskontrollen, zumindest die in der UBS, sollen damit vorerst abgeschlossen sein. Wieder ein Meilenstein im Verlaufe meiner Genesung! Die Berufsgenossenschaft wird ein Gutachten erstellen lassen. Dann werden wir uns hier im Behandlungszimmer wiedersehen.

Kapitel 14
Respekt

Überall im Leben treffen wir auf andere Menschen und jeder hat seine speziellen Interessen und Talente. Privat wie auch beruflich entwickelt sich jeder in eine spezielle Richtung. Im Rahmen der verschiedenen Behandlungen treffe ich die verschiedensten Charaktere, die in den unterschiedlichsten Berufen tätig sind. Tätigkeiten, die unsere Achtung verdienen! Und zwar alle!

Egal, ob es sich um den Krankenpfleger handelt, der sich um das Herbeischaffen und die anschließende Reinigung einer Bettpfanne kümmert, oder um die Reinigungskraft, die alles sauber hält, auch all die *unsichtbaren* Mitarbeiter im Hintergrund einer Unfall- oder Rehaklinik, die zusammen dafür sorgen, dass alles reibungslos läuft und dass jeder so gut wie möglich versorgt werden kann.

Respekt verdient die Krankenschwester, die ihr Privatleben wegen der langen Schichten an Sonn- und Feiertagen hinten anstellen muss und bereits ganz früh am Morgen, wenn andere noch schlafen, schon Thrombosespritzen verabreicht.

Eine Menge Ärzte haben viel Zeit in ihr Studium investiert, damit heute Patienten die bestmögliche Behandlung erhalten können!

Große Hochachtung gebührt den Physio- und Ergotherapeuten, die Schritt für Schritt dafür sorgen, dass wieder Beweglichkeit in die reparierten Gliedmaßen einzieht und die Menschen anschließend wieder ihren Alltag meistern können.

Ich ziehe den Hut vor all denen, die dafür sorgen, dass dreimal an jedem Tag eine Mahlzeit auf dem Tisch steht und die Cafeteria jeden Tag offen ist.

Jeder Hausmeister in den verschiedenen Einrichtungen, jeder Verwaltungsangestellte und jeder Koch. Alle und auch die Nichtgenannten haben ihren Platz in der Kette und verdienen nicht nur meinen Dank, sondern auch die Dankbarkeit derer, die noch nicht auf der Seite der Bedürftigen stehen (oder meistens liegen) mussten. Auch sie können sich auf diese Helden verlassen, wenn's mal drauf ankommen sollte!

Auch jeder Fahrer eines Krankentransports verdient unsere Anerkennung. Seit dem Ende meines stationären Reha-Aufenthalts brauche ich einen verlässlichen Fahrdienst, der mich pünktlich zu allen Terminen bringt und auch anschließend wieder abholt. Kirsten hat ein wenig recherchiert und ist schnell fündig geworden. Der *Wegweiser* Uwe Strauchmann hat schon in den ersten Tagen seine Zuverlässigkeit unter Beweis gestellt. Die Reha-Planung schreibt die Termine und legt sie erst Freitag nach Abschluss der Planung in die Postfächer der Betreffenden. Sehr kurzfristig, wenn man damit die Fahrten der kommenden Woche sicherstellen muss. Uwe schafft es gegen alle Widrigkeit immer wieder, seine eigenen Termine mit meinen zu koordinieren. Teilweise fährt mich seine Frau Ines, mit der es immer lustige Gespräche gibt. Hin und wieder ist Tino für mich da, sein helfender Kollege oder auch dessen Frau Veronika. Irgendwie richtet er es ein, dass ich zur richtigen Zeit zum richtigen Ort komme. Ist ja in Hinblick auf den Buchtitel mal etwas anderes…

Inzwischen hat sich auch hier eine gute Freundschaft entwickelt, worüber ich mich sehr freue!

Am 19. Juli 2019 findet wieder die turnusmäßige Verlaufskontrolle im Virchow-Klinikum statt. Die letzte war im Januar. Noch immer steht nicht hundertprozentig fest, ob meine Titanimplantate drinbleiben können oder wieder aus meinem Becken entfernt werden müssen. *Entfernen* heißt nicht, ambulant herausschrauben, sondern das wäre ein operativer Eingriff, der meiner ersten Operation entspräche. Vielleicht sogar mit noch mehr Aufwand und noch mehr Schmerzen. Ein ungutes Gefühl im Hintergrund, wie sich jeder denken kann.

Alles geht diesmal sehr schnell. Zack-Zack: Röntgen, dann gleich zum Arzt rein. Ich hatte mir nach dem Röntgen gerade einen Kaffee aus der Cafeteria geholt, weil ich wie bei den letzten Untersuchungen mit einer längeren Wartezeit gerechnet habe. Den nehme ich jetzt mit in das Untersuchungszimmer. Zum Arzt sage ich: „Hätte ich gewusst, dass es heute so schnell geht, dann stände hier jetzt auch ein Kaffeebecher für Sie." Er lacht…

Dr. Heinzmann kenne ich noch nicht. Ich weiß zu diesem Zeitpunkt auch nicht, dass er maßgeblich an einer meiner Operationen beteiligt war. Während er mich eingehend unter die Lupe nimmt und auch die Bilder vom Röntgen auswertet, erklärt er mir im Verlaufe unseres Gesprächs, dass es nicht sinnvoll sei, die Implantate herauszuholen. Man müsse dafür die Vernarbungen durchtrennen, die danach noch vermehrter auftreten würden. Muskeln, Nerven sowie Blut- und Lymphgefäße würden erneut zerschnitten werden. Zusätzlich besteht immer ein Operations- und Narkoserisiko…

Ich berichte ihm, dass Frau Dr. Lenzcke auch schon Ähnliches zum Ausdruck brachte, als sie seinerzeit nach der OP die Visite durchführte. Nur benutzte sie andere Worte: „Der nächste, der die Implantate sieht, ist erst wieder der Bestatter …“. Ich ringe seinem sonst konstant ernst versteinerten Gesicht abermals einen amüsiert zuckenden Mundwinkel ab. Er erwidert für seine Verhältnisse scherzhaft: „Ja, Frau Lenzcke liegt da schon auf unserer Wellenlänge…“

Fazit: Alle Risiken zusammengenommen übersteigen den zu erwartenden Nutzen bei weitem.

Er erklärt mir auch, dass es nicht so einfach sei, die Schrauben aus dem Knochen herauszudrehen. Es gäbe an den Verbindungsstellen zum Implantat gewollte Kaltverschweißungen. Das führt zum Abreißen der Schraubenköpfe und verursacht in vielen Fällen arge Komplikationen.

Auf all das habe ich keine gesteigerte Lust! Ich bin auch mehr als froh, dass ich bei den bisherigen Operationen ohne die traurig berühmt gewordenen Krankenhauskeime ausgekommen bin! Das ist seit dem Beginn der Geschichte meine große Sorge!

Umso größer ist die Klamotte, die mir von der Seele purzelt, als ich seine Worte vernehme! Große Erleichterung nimmt den Platz der zuvor noch tief manifestierten Befürchtungen ein!

Ich schwebe aus dem Virchow-Klinikum mit übergroßer Freude! Ich habe auch das beruhigende Gefühl, einen wesentlichen Abschnitt vom Heilungsweg hinter mir zu lassen. Eine weitere Kontrolle ist von dieser Seite her auch nicht notwendig.

Kapitel 15
Physiotherapie

Lange bin ich sehr froh, dass die Praxis von Frau Obermayer so nah liegt und entsprechend gut zu erreichen ist. Zumindest während der Zeit des Hamburger Modells. Nun hat sich das Arbeiten durch den Abbruch der ABE vorerst erledigt, nur die Therapie ist jedoch weiter notwendig. Aus diesem Kontext heraus kann ich die entstandene Situation wohl als „Eigentor“ betrachten … Nun fahre ich von zu Hause aus über 40 km weit zur Physio. Der Hin- und Rückweg dauert zwei Stunden, die Therapie nur eine…

Angesichts der guten Fortschritte und der anderen Behandlungsmethoden werde ich ihr aber vorerst die Treue halten und die Wege auf mich nehmen.

Es ist Sommer. Mittlerweile herrschen hier zu Hause tropische Temperaturen. Gut, dass ich hin und wieder den Pool zur Abkühlung nutzen kann. Das kalte Wasser ist ein gutes Mittel gegen die Schwellungen, die leider noch immer auftreten. Noch besser wirken die Wassertemperaturen an der Ostsee. Wir gönnen uns am Pfingstwochenende einen Ausflug auf die Insel Rügen. Bei sechzehn bis achtzehn Grad ist das Hereingehen ins Wasser in meiner derzeitigen Verfassung eine Überwindung, aber durchaus aushaltbar. Wir haben es schon früher, also auch vor dem Unfall, zum Pflichtritual erklärt, uns schon vor dem Frühstück in die kalten Fluten zu werfen. Das erfrischt, weckt die Lebensgeister und tut dem ganzen Körper gut! So zelebrieren wir es auch jetzt. Später an Tag herrscht etwas höherer Wellengang. Also hoch für Ostseeverhältnisse. Für mich in meiner kleinen Eingeschränktheit zu hoch, wie sich herausstellen soll! Sie werfen mich mit ihrer Wucht einfach um, sodass ich nicht von allein wieder auf die Beine komme, ohne gleich erneut umgeworfen zu werden. Gut, dass mir Kirsten helfen kann! Das muss für andere Leute am Strand ein lustiger Anblick sein! Bestimmt hat jeder schon mal Bilder im Fernsehen gesehen, wenn Wale an einer Küste gestrandet sind…

Um nun aber doch die Entfernungen und die Fahrzeit zu meinen Physioterminen zu verringern, frage ich Klausi im September, ob sie ihre Freundin Lisa nach Therapieterminen fragen könnte. Viktoria Klaus ist meine persönliche Therapeutin in der Zeit in Hoppegarten gewesen und wir stehen weiterhin in Kontakt. Lisa Sonntag arbeitet inzwischen in Teilzeit weiter in der Median-Klinik und die restliche Zeit in der Praxis ihrer Mutter. Meine Frage zielt darauf ab, ob ich die Krankengymnastik und die Lymphdrainage auch bei ihr wahrnehmen kann. Auch wir kennen uns bereits aus Hoppegarten und diese Einrichtung befindet sich in Hennickendorf, also müsste ich nur ein Viertel der Entfernung zum Oraniendamm fahren. Ich bekomme glücklicherweise sofort Termine, wahrscheinlich aber nur wegen der Bekanntschaft, denn sonst sind Termine bei einer Physiotherapiepraxis purer Goldstaub!

Auch Lisa hat „goldene Hände“! Ich möchte jedoch allen hier nicht genannten Physio- und Ergotherapeuten nicht Unrecht tun! Bestimmt sind die allermeisten sehr motiviert und gut ausgebildet! Alle, mit Ausnahme der „Schrecklichen Schwestern“ im Virchow, haben sich große Mühe gegeben und haben mir bis hierher sehr gut weitergeholfen! Und auch wenn es oft eine echte Quälerei ist, zeigt mir doch mein Behandlungsfortschritt den Erfolg aller Therapiebemühungen. Es ist ja nicht immer so tiefenentspannt wie bei der Lymphdrainage.

Kapitel 16
Gewicht

Dreizehn Monate nach dem Unfall ist es mir leider nicht gelungen, die Gewichtsreduktion zu halten. Das ärgert mich maßlos! Verantwortlich ist mit Sicherheit der Wegfall des lange eingenommenen Oxycodons. Offenbar hat das Medikament meine Verdauung ein wenig lahmgelegt. Jetzt verstoffwechselt mein Körper die zugeführte Energie wieder etwas besser. Schuld bin natürlich nicht ich! Wie könnte ich? Und auch nicht meine Essgewohnheiten, wenn wir schon mal über die zugeführte Energie reden… Oder doch?

Es muss etwas passieren! So geht das nicht weiter! Mit weniger Gewicht habe ich mich bedeutend wohler gefühlt! Der Speck muss wieder weg! Aber wie?

Kirsten hat so erfolgreich abgenommen! Und dazu hält sie nun auch schon eine ganze Weile ihr Gewicht. Sie sieht damit toll aus und alle, inklusive ich, bewundern sie! Ich könnte auf beides verzichten. Ich will mich nur besser fühlen!

Zuerst mal ist natürlich das Futter der springende Punkt, mit dem alles steht und fällt. Kirsten ist inzwischen meine Mentorin in dieser Sache und hat mir eine Ernährungs-App empfohlen. Diese habe ich installiert und kontrolliere damit meinen täglichen Energieumsatz. Ich muss zugeben, ohne diese Kontrolle habe ich bedeutend mehr in mich rein geschaufelt. Und der Schlüssel liegt nicht allein in der Menge, sondern auch in der Qualität. Ich esse seitdem ganz anders. Eiweißlastig zum Beispiel. Ich lasse die Butter (oder ähnliches) weg, denn in allen anderen Nahrungsmitteln ist im Allgemeinen bereits genug Fett enthalten. Die

App hat berechnet, dass ich mit 2.300 kcal/Tag mein Ziel erreichen kann, in einem halben Jahr auf mein Wunschgewicht von neunzig Kilo zu kommen. Das bedeutet eine Abnahme von zirka zwanzig Kilogramm! Schon beim Schreiben stellt sich in meinem Kopf, obwohl ich das zu verhindern suche, eine gewisse Skepsis ein. Es scheint mir ein zu ehrgeiziges Ziel zu sein…

Ich versuche inzwischen, pro Tag nicht mehr als 2.000 kcal zu mir zu nehmen. Über den Zeitraum der letzten drei Wochen gelingt mir das auch und erste Anfangserfolge stellen sich ein. Zwei Kilo sind schon auf der Strecke geblieben! Das stimmt mich für den weiteren Weg optimistisch!

Sicher kommt der eine oder andere „Ausrutscher“, aber man muss sich auch etwas gönnen. Ausschließlich Diät ist auf lange Sicht nicht befriedigend und initiiert Fressattacken. Hin und wieder muss auch mal ein Bierchen, ein Milchkaffee oder auch ein Stück Kuchen als *gesundes Nahrungsmittel* durchgehen. Und wer weiß, welche wichtigen Omega-Irgendwas darin enthalten sind…

Hauptsache ist doch, dass der Trend in die richtige Richtung zeigt. Ich brauche weder zu einem bestimmten Zeitpunkt eine Bikinifigur noch muss ich auf Biegen und Brechen, letzteres im doppelten Wortsinn, ein Ziel innerhalb eines Zeitraums erreichen.

Kapitel 17
Gutachten Neurologie

Heute, am 11. Februar 2020, ist wieder ein Termin bei Frau Dr. Undine Pohl zur neurologischen Verlaufskontrolle angesagt. In einer Woche soll das Gutachten erstellt werden. Glücklicherweise kann sie die beiden Termine zusammenfassen, so dass ich nicht noch einmal extra dorthin fahren muss.

Ich bekomme also wieder meine schon lange ersehnten Stromstöße, um meine Batterien aufzutanken. Erstaunlicherweise haben sich die Stränge des Ischiasnervs, oder wie wir Neurologen sagen ‚Nervus Ischiadicus', schneller regeneriert, als es alle Vermutungen zuließen. Die durchschnittliche Wachstumsgeschwindigkeit liegt laut Frau Pohl bei zirka dreißig bis sechsunddreißig Zentimetern im Jahr. Einen Millimeter pro Tag, also ihrer Aussage nach dreimal schneller als Haare. Beim letzten Besuch vor einem halben Jahr lagen die messbaren Enden oberhalb des rechten Knies. Erwartungsgemäß würden sie also jetzt nach sechs Monaten etwas unterhalb des Gelenks liegen. Die Messungen ergeben aber, dass der Wadenmuskel bereits zu großen Teilen angeschlossen ist und die Wachstumsenden inzwischen bereits oberhalb des Sprunggelenks liegen. Hätte mich auch überrascht! Seit wann zählt für mich *Durchschnitt*…?

Ihr Gutachten zur Minderung der Erwerbsfähigkeit wird eine Quote von dreißig bis fünfunddreißig Prozent ergeben. Wenn die prozentuale Einschätzung aus der chirurgischen Begutachtung ebenfalls vorliegt, wird jedoch nicht einfach addiert. Vielmehr werden die Überschneidungen ermittelt und eine Gesamteinschätzung vorgenommen. So rechne ich mit einer MdE von vierzig oder fünfundvierzig Prozent. Hierbei ist aber der Wunsch der Vater des Gedanken! Mal sehen, inwieweit sich meine Erwartungen mit der Realität decken. Letztlich kommt dabei eine vorläufige Erhebung heraus, die drei Jahre nach dem Unfallereignis gegengeprüft wird.

Kapitel 18
Zweiter Versuch der ABE

Im Dezember, also sieben Monate nach Abbruch meines ersten Wiedereingliederungsversuchs, spreche ich im Betrieb mit meinem Teamleiter über den neuen Versuch einer ABE. Ich fühle mich inzwischen so weit wiederhergestellt, dass ich eine neue, abschließende Wiedereingliederung angehen kann. Mein Ziel ist es, einen Monat für meine Einarbeitung zu nutzen, um in dieser Zeit bereits ein kleines Polster an Provisionen oder wenigstens Kundengesprächen aufzubauen. Ich habe dieses Modell schon mal einige Seiten zuvor dargestellt. Ich möchte nicht im Februar regulär starten und sofort mit Lohnschulden beginnen. Denn genau das passiert, wenn ich mit Null ins Arbeitsleben zurückkehre.

Ich will auch die Abläufe der erneuten Arbeitserprobung verändern und anders als bei der vorangegangenen ABE mit meinem direkten Vorgesetzten gestalten. Einarbeitung und Arbeitsbelastungserprobung soll unter tatsächlichen Arbeitsverhältnissen stattfinden. Ich werde mich nicht wieder an den *Katzentisch* setzen und beobachten, wie mein Vertreter mit meinen Kunden umgeht. Ich will ihm also klar machen, dass ich an meinem Tisch sitze, an meinem Rechner arbeite und auch meine Verkäufe tätigen werde.

Wie so oft im Leben kommt wieder alles anders und mir wird in Gedanken schon bewusst, was das zu bedeuten hat. Mein Arbeitgeber beabsichtigt, die Filiale Mitte des nächsten Jahres zu schließen. Nicht das gesamte Haus, denn es gehört ihm ja nicht, sondern seinen gemieteten Anteil, den Verkauf. Die für ihn auflaufenden Kosten übersteigen die

Gewinne, die über das letzte Jahr hier erwirtschaftet wurden. Mein Vertreter hat offenbar seinen Beitrag dazu geleistet. Für den verbleibenden Zeitraum will er keine großen Umstrukturierungen mehr durchführen. Das verstehe ich so weit. Gleichzeitig werden weitere Filialen komplett geschlossen. Wandlitz ging voraus, Templin ist seit einem Dreivierteljahr zu und nun folgt Hennigsdorf. Alle mittelgroßen Häuser. Aber dort bezahlt er Miete. Genau wie in dem Haus, in dem ich beschäftigt bin. Oder in dem ich bis zu meinem Unfall beschäftigt war. Wenn auch nur für den Verkäuferarbeitsplatz, anteilige Verbrauchskosten und ein paar Stellflächen.

Der Markt wird nicht einfacher! Unter dem Vorwand der Ökologie und Klimarettung wird der automobile Wirtschaftsbereich weltweit auf den Kopf gestellt. Elektroautos sind auf dem Vormarsch. Wer sich ein Auto anschaffen will oder muss, ist verunsichert. Erste Fahrverbote für noch vor kurzem erworbene Diesel-Autos werden nun bereits umgesetzt. Unsicherheit besteht auch darüber, wie es in Zukunft mit benzinbetriebenen Fahrzeugen weitergeht. Verbrennungsmotoren produzieren nun mal Abgase. Das steht außer Frage. Und dass diese für nichts und niemanden gut sind, zweifelt niemand an. Es muss nach Lösungen gesucht werden, das hat inzwischen bestimmt jeder begriffen. Nur muss man sich die Frage gefallen lassen, ob man hier nicht aufs falsche Pferd setzt. Die Rohstoffgewinnung für die Produktion von Akkus für die Autoindustrie verwüstet halbe Kontinente in Afrika und Südamerika für Jahrhunderte. Wie diese Akkus irgendwann entsorgt und recycelt werden sollen, interessiert momentan auch noch niemanden wirklich. Die Reichweite dieser Elektrofahrzeuge ist auch begrenzt. Und erst recht, wenn man an zusätzliche Stromfresser wie Klima, Heizung, Licht und Komfortelektrik im Fahrzeug denkt. All das verunsichert den Markt und macht das Automobilgeschäft nicht leichter. Die Hersteller müssen damit reagieren, den Händlern Flotten-CO2-Ausstoßquoten vorzuschreiben. Das heißt, der durchschnittliche CO2-Ausstoß der gesamten verkauften Fahrzeugflotte darf einen vorgegebenen Höchstwert nicht überschreiten. Die Zielgrenze sind momentan 95g/km, die schrittweise weiter verringert wird. Da die meisten Autos aber deutlich mehr CO2 ausstoßen, kann das nur im Gegenzug mit verkauften Null-Emissions-Autos, wie man reine batterieelektrische Fahrzeuge auch nennt, realisiert werden. Autohersteller kaufen im großen Stil Emissionszertifikate, um ihrem Flottenausstoß etwas entgegenzusetzen. Ein Riesenschwindel zum Wohle der Industrie!

Die sauberen e-Autos sind aber mit den genannten Nachteilen behaftet, sind zur Zeit noch sehr teuer und verursachen im Vergleich zum Verbrenner erheblich mehr Umweltschäden, wenn man die Produktion mit einbezieht. An die Entsorgung noch nicht mal gedacht.

Die Gründe sind also nachvollziehbar, warum ein Unternehmer in diesem Sektor sein Geschäft straffen muss. Als Betroffener muss ich nun erst mal einen dicken Kloß herunterwürgen…

Unter diesen Voraussetzungen wird mir nun der Wechsel in unsere Charlottenburger Filiale angeboten. Ein großes Haus direkt im Berliner Stadtzentrum und mit Anschluss an die Autobahn A110. Für mich hieße das pro Tour eine zusätzliche Fahrzeit von ca. 45 Minuten. Aber nur, wenn der Verkehr flüssig rollt. Bauarbeiten an der Rudolf-

Wissel-Brücke sind bereits in Planung und werden über Jahre ein Verkehrschaos verursachen.

Diese Möglichkeit der Fortsetzung meines Beschäftigungsverhältnisses schließe ich aus! Ein Gedanke ist noch, in der Filiale Holzhauser Straße die Nachfolge von einem Kollegen anzutreten, der sich im April in seinen verdienten Ruhestand verabschieden wird. Vorher könnte ich meinen Resturlaub aus 2018 nehmen. Ich habe ja noch zwölf Tage übrig, die ich durch den Unfall nicht antreten konnte. 2019 konnte ich wegen fortlaufender Arbeitsunfähigkeit auch keinen Urlaub nehmen. Das sind auch nochmal siebenundzwanzig Urlaubstage. Anteilmäßig könnte ich mit neuem Urlaub für 2020 auffüllen, bis der April ran ist.

Diese Variante liegt nun als Diskussionsvorschlag bei meiner Geschäftsleitung. Mal sehen, was sich daraus entwickelt. Anderenfalls muss ich einen Plan B entwickeln.

Für das nächste Gespräch hatte ich darum gebeten, dass auch unser geschäftsführender Gesellschafter, wie er sich gern selbst betitelt, zugegen ist. Aber auch das soll illusorisch bleiben. Natürlich erscheint er nicht zum Termin und hat es auch nicht nötig, wenigstens abzusagen. Aber schlechtes Benehmen von unten nach oben zu kritisieren, ist meist keine gute Idee.

Er lässt mir stattdessen ausrichten, dass er einer weiteren Arbeitserprobung nicht zustimmt. Es gäbe aus seiner Sicht zu viele Fälle, bei denen es einen Abbruch gab. Im Unternehmen müssen sich immer mehr Mitarbeiter wegen des sogenannten *Burn-Out-Syndroms* behandeln lassen. Sie versuchen dann, mit einem Hamburger Modell wieder einzusteigen. Oft wird dies jedoch abgebrochen, was ihm nicht gefällt. Das, so seine übermittelte Begründung, sei der Grund dafür, dass ein zweiter Versuch einer Wiedereingliederung pauschal abgelehnt wird.

Daraufhin lasse ich die Krankschreibung bis Ende Januar bestehen und beantrage, meinen gesamten Resturlaub aus 2018 und 2019 in einem Stück zu nehmen.

Am letzten Januartag 2020 ist nun mein letzter Krankheitstag. Wieder geht ein wesentlicher Abschnitt damit zu Ende. Ab jetzt bin ich regulär wieder in Arbeit, aber ab morgen offiziell im Urlaub. Man hat also betrieblicherseits meinem Resturlaub zugestimmt. Nun muss ich noch irgendwie in Erfahrung bringen, ob meinen Vorstellungen entsprochen wird, in der Holzhauser Straße meinen Kollegen zu *beerben…*

Inzwischen ist es Anfang März 2020. Für heute habe ich wieder einen Termin mit meinem Teamleiter. Es wird ja mal Zeit, meinen geplanten Arbeitsbeginn zu besprechen. Immer noch habe ich die Hoffnung, im vertrauten Umfeld zu bleiben und genau dort neu durchzustarten. Wenn schon nicht im angestammten Haus, dann doch räumlich nah. Da der zu verabschiedende Kollege in Kürze in Rente geht, steht immer noch der Arbeitsplatz in der Holzhauser Straße in meinem Fokus.

Bei unserer heutigen Zusammenkunft kommt jedoch wieder alles anders als erwartet. Laslo Schunke gestaltet unsere Unterredung heute sehr förmlich im Büro der Verkaufsleitung. Dies ist immer ein Anzeichen dafür, dass ein Gespräch auf eine höhere Ebene gestellt wird. Er nutzt sozusagen die *Aura des Chefs*, die dieser Raum auch ohne seine Anwesenheit inne hat. Inzwischen ist nun die Knobelsdorffstraße vom Tisch. Da will ich auch wie gesagt nicht hin.

An meinem alten Standort wird nun doch festgehalten. Inzwischen muss ich wohl *an meinem ehemaligen* sagen. Dies jedoch weiterhin mit der Starbesetzung durch meinen so geliebten Vertreter. Anscheinend hat er sich ja so gut eingearbeitet. Und schließlich soll man ja Prozesse, die gut laufen, nicht unterbrechen …

Never change a running system!

Damit steht jetzt eine Frage im Raum. Es geht um die Bismarckstraße in Steglitz. Ein neuer Schock für mich. Deshalb entgegne ich ihm auch mit „Schön! Kaum dreh‘ ich mich um, zieht ihr mir den Stecker raus. Tolle Kollegen! Super!“, wovon er natürlich nichts wissen will. So fährt er mit „Seien wir doch mal ehrlich …“ fort. Sind wir es doch mal! Wer dies so explizit hervorhebt, ist entweder im sonstigen Umgang unehrlich oder mindestens im laufenden Gespräch! Eine Lebensweisheit! Muss ich hinzufügen, dass ich stocksauer bin?

Ich arbeite nun zwanzig Monate mit großen Anstrengungen daran, an meinen Alltag vor dem Unfall anzuknüpfen. Und das ist jetzt das Entgegenkommen meines Arbeitgebers? Ein Hohn ist das! Ich fühle mich hintergangen, abgeschoben und kaltgestellt!

Ich muss jetzt als allererstes meinen Frust bewältigen, der sonst meine klaren Gedanken blockiert. Aber was soll‘s, manchmal muss man zu seinem Glück gezwungen werden. Ich habe mich nach ein paar Tagen der innerlichen Wut dazu entschlossen, meine Arbeit in Steglitz in zwei Wochen anzutreten. Der lange Anfahrtsweg ist natürlich abschreckend. Im Endeffekt kann das nur heißen, ich werde mir aus der ungekündigten Stellung heraus eine neue Tätigkeit suchen. Schade, denn ich habe gern in diesem Umfeld gearbeitet, selbst wenn es nicht immer einfach war.

Kapitel 19
Geplanter Arbeitsbeginn

Mein Resturlaub endet. In wenigen Tagen soll ich also in Steglitz meine Arbeit aufnehmen.

Inzwischen habe ich Gespräche geführt, denn es ist bestimmt nicht meine Absicht, bis ans Ende meines aktiven Arbeitslebens dort zu versauern und dafür auch noch endlose Fahrwege in Kauf zu nehmen. Eine deutlich schönere Alternative rückt in greifbare Nähe. Mein ehemaliger Verkaufsleiter ist seit fast drei Jahren im Autohaus Kamin im Berliner Norden tätig. Mit ihm habe ich einen Termin gemacht, um meine Perspektiven in diesem Autohaus zu erörtern. Dazu gibt es gute Anregungen und wir sind so verblieben, dass ich die Verkaufsabteilung der Nord-Berliner Filiale übernehmen soll. Der Mitarbeiter, der diese Aufgabe zurzeit ausfüllt, erledigt sie seiner Ansicht nach nicht zufriedenstellend und steht kurz vor dem Verlassen des Unternehmens.

Noch während der Verabschiedung wird der Corona-Lockdown für den Einzelhandel beschlossen. Alle Autohäuser müssen vorerst ihre Verkaufsabteilungen schließen und den Kundenstrom im Service auf ein notwendiges Minimum reduzieren. Auch mein Arbeitgeber verordnet Null-Stunden-Kurzarbeit zum gleichen Zeitpunkt. Vorerst für drei Wochen, dann auf unbestimmte Zeit.

In Karow sollten schon seit längerer Zeit Umbaumaßnahmen stattfinden. Opel fordert größere Verkaufs- und Ausstellungsflächen, Erweiterungen der Werkstatt und eine Vergrößerung der Kunden-Parkflächen. Der Baustadtrat hat dies jedoch immer wieder abgelehnt und auf Anwohnerschutz plädiert. Der Inhaber des Autohauses nimmt in dieser Situation kurzentschlossen ein Maklerangebot an, das nach seiner Aussage so großzügig ausfällt, dass er es nicht ablehnen kann. Haus und Grundstück werden kurzerhand verkauft. Seine Mitarbeiter lässt er jedoch nicht im Stich! Er fängt alle der Berliner Hauptfiliale auf.

Somit besteht in näherer Zeit kaum Aussicht, dieses Stellenangebot aufrechtzuerhalten. Das ist sehr schade, aber im Kontext zur Situation verständlich.

Kapitel 20
Schadensregulierung

Am Unfallort fanden sich nach entsprechender Alarmierung natürlich nicht nur die Ersthelfer ein. Die Polizei war selbstverständlich auch vor Ort und nahm die Umstände gewissenhaft auf. Sie erstellte Fotos, eventuell wurden Zeugen befragt und die Unfallbeteiligten namentlich notiert. Die Protokolle wurden ausgehändigt. Ich will schon sagen, dass dies gegenseitig geschah, aber ich war ja nicht in der Lage, diesen Zettel entgegenzunehmen. Auch Beweise wurden gesichert. Dazu gehören die hinterlassenen Bremsspuren und der Umfang der Beschädigungen an den Fahrzeugen. Damit lassen sich später Geschwindigkeiten errechnen und Abläufe rekonstruieren.

An Ort und Stelle hat die Polizei aufgrund der beschriebenen Gegebenheiten die Geschwindigkeit beim Aufprall ermittelt. Das Tempo vor dem Bremsvorgang errechneten die Polizisten mit fünfundvierzig bis fünfzig Kilometer pro Stunde und hinterließen diese Einschätzung in den Akten.

Nun möchte die Versicherung der Unfallverursacherin möglichst viel Geld in der Schadensregulierung sparen. Zu diesem Zweck beauftragt sie eine befreundete Gutachterfirma namens *Exzidenta* mit der Erstellung eines Gutachtens. Deren Aussage ist, wer hätte es anders erwartet, dass ich mit siebzig Stundenkilometer unterwegs gewesen sein soll. Dieses an den Haaren herangezogene *Pseudo-Gutachten* belegt diese vermeintliche Tatsache anhand der Crashmarke, die ich am beschädigten Fahrzeug der Verursacherin hinterlassenen habe. Unberücksichtigt bleiben jedoch existenziell wichtige Fakten. Insbesondere verweist nichts auf das im Betrieb befindliche Fahrzeuggesamtgewicht. Dazu gehört das Leergewicht, plus Fahrer, plus Betankung, plus Gewicht der Sicherheitsausrüstung, plus Gepäck! Alleine dadurch wurde die Gesamtmasse um mehr als einhundertfünfzig Kilogramm verfälscht dargestellt! Ferner blieben der Zustand des Fahrbahnbelags und die herrschenden Temperaturen unberücksichtigt. Gleichzeitig wurden optimalste Bremsverzögerungen als Rechengrundlage verwendet, die geschulte und gut trainierte Profifahrer unter günstigen Bedingungen erreichen können. Mit jedem Wort wird deutlich, dass dieses sogenannte *unabhängig erstellte Sachverständigengutachten* nicht das Papier wert ist, auf dem es gedruckt wurde. Wäre ich ein verbitterter Mensch, würde ich von einem Gefälligkeitsgutachten sprechen. Aber das liegt mir natürlich absolut fern…

Dieses Schriftstück gibt der gegnerischen Versicherung Anlass, mich zu einem Satz von dreißig Prozent am Unfall als mitschuldig zu betrachten. Sie behauptet unter Zugrundelegung des Gutachtens, ich hätte mit korrekter Geschwindigkeit den Unfall sogar vermeiden können.

Auch und gerade eine Versicherung, wie die meiner Unfallgegnerin, muss sich natürlich dem immensen Marktdruck stellen. Sie muss ihre Prämien in einem Preisniveau gestalten, in dem sie mit allen anderen im Internet dargestellten Anbietern konkurrieren kann. Sie muss auch dafür sorgen, dass die bestehenden Versicherungskunden nicht abwandern. Gleichzeitig sollen neue Interessenten generiert und nicht mit zu teuren Einstiegsangeboten verprellt werden. Jede Versicherung handelt treuhänderisch mit den Einlagen der Versicherungsnehmer. Je mehr davon vorhanden sind, desto größer sind das Handelsvolumen und die Eigensicherung der Solvenz des Unternehmens. In einem engen Markt ist das eine Zwangsjacke!

Was passiert, wenn eine Versicherung ihren eigenen Prämienzahlern auftretende Schadensfälle nur sehr abschlägig reguliert? Das konnten wir vor einigen Jahren bei anderen Großen der Branche erleben. Es spricht sich herum und die Kunden werden rasch weniger! Auch bei diesen Versicherungen musste damals sehr schnell ein Umdenken her. Davon lernten andere.

Aber wo kann nun das Versicherungsunternehmen Kosten einsparen, um weiterhin konkurrenz- und handlungsfähig zu bleiben? Klar, bei der Regulation von Haftplichten gegenüber Dritten. Diese Fremdkunden haben sich in der Vergangenheit sowieso nicht für das eigene Unternehmen entschieden und werden es vermutlich auch in der näheren Zukunft nicht tun. Von diesen Menschen muss sich das Assekuranzhaus nicht messen lassen. Also nichts einfacher, als das dringend benötigte Geld genau hier einzusparen.

Genau in dieser Position befinde ich mich nun gerade. Ich bin kein Kunde dieser Versicherung und stelle Ersatzansprüche.

Gut, dass es meinen *ziemlich besten Freund* Martin gibt! Er ist Anwalt und vertritt mich auch in dieser Angelegenheit. Ich denke, er hat den dafür notwendigen Biss! Natürlich ist dies keine Garantie auf den Verhandlungsausgang, aber eine gute Voraussetzung. Aber wie sagt man so schön: *Auf hoher See und vor Gericht befindet man sich ausschließlich in Gottes Hand.* Das soll heißen, der Richter entscheidet schließlich und der ist auch nur ein Mensch. So bleibt das Ergebnis offen, bis es ein Urteil gibt. Anders ausgedrückt: Jede gerichtliche Entscheidung birgt natürlich ein Prozessrisiko. Für beide Seiten. Zuvor muss natürlich eine Klage eingereicht werden.

Nicht selten ist jedoch ein Vergleich die elegantere Lösung, also die Klage nicht vor Gericht verhandeln zu lassen, sondern eine außergerichtliche Einigung der der Parteien anzustreben. Genau das nimmt mein Freund Martin natürlich auch als erstes in Angriff. Ein Pokerspiel! Es gibt drei Säulen, die zur Disposition stehen. Erstens die Erstattung der materiellen Schäden, zweitens das Schmerzensgeld und drittens die Regulation materieller und immaterieller eventueller Folgeschäden. Die Forderungen müssen vorerst relativ hoch angesetzt werden, damit entsprechender Verhandlungsspielraum bestehen bleibt. Schließlich stimmt die Versicherung unserem Vergleichsvorschlag telefonisch zu. Der schriftliche unterschriftsfertige Vergleich lässt dann auch nicht lange auf sich warten. Nur wenige Tage später hat Martin die Unterlagen im Briefkasten seiner Kanzlei.

Säule-1, also die materiellen Ersatzleistungen, wurde entsprechend unserer Forderung akzeptiert. Hier wurde auch bereits Geld ausgezahlt. Das Schmerzensgeld, Säule-2, wird auch akzeptiert und soll zeitnah überwiesen werden. Nur die Säule-3, die für die Folgeschäden steht, wird von der Versicherung anders gehandhabt. In einem Nachsatz sollen wir die Erklärung unterschreiben, dass die Ansprüche auf materielle und immaterielle Folgeschäden damit abgegolten wären.

Das ist so natürlich nicht hinnehmbar! Gut, dass Martin das sofort durchschaut! Diesen Vergleich zu schließen, grenzt an Selbstaufgabe. Fazit: Wir klagen und hoffen, dass die Entscheidung zu unseren Gunsten getroffen wird.

Kapitel 21
Die Unfallverursacherin

Während meines Aufenthalts im Virchow-Klinikum und auch später im Vivantes kam keine Regung von der Verursacherin des Unfalls. Kein Anruf, keine schriftliche Meldung. Erst nach fast drei Monaten, als ich bereits ein Teil meiner stationären Reha bewältigt hatte, trifft plötzlich ein Brief von ihr ein. Sie bringt darin ganz kurz ihr Bedauern in Bezug auf das Geschehene zum Ausdruck und entschuldigt sich, dass sie sich erst jetzt melde. Sie gibt an, dass sie meine Anschrift nicht hatte und dass ihr die Polizei, die den Unfall aufnahm, die Daten nicht zur Verfügung stellte. Das wiederum kann ich mir nicht vorstellen. Als direkt am Unfall beteiligte sollte sie diese Fakten sofort bekommen haben. Ihre Versicherung hat meine Daten ja schließlich auch.

Irgendwie beschleicht mich auch das Gefühl, sie von irgendwoher zu kennen. Zumindest dem Namen nach. Ich glaube aus einer Kundenanfrage im Autohaus. Ja, ich bin mir sogar ziemlich sicher. Als ich später nachschaue, wird aus meiner Vermutung Gewissheit. Bestimmt bekomme ich auch noch heraus, für welches Auto sie sich interessierte. Wäre sie doch nur auf mein Angebot eingegangen! Dann hätte ich sicher nicht gegen ihren alten Volvo fahren müssen! An solch kleinen Weichen entscheiden sich Lebenswege! Ob jedoch die Alternative besser gewesen wäre, bleibt wohl dahingestellt…

Aber dessen ungeachtet lese ich in diesem Moment aus ihren Zeilen, dass sie diesen Brief aus rein menschlichen Erwägungen geschrieben hat. Ich denke, dass sie doch

Gewissensbisse hat und ihr diese Entschuldigung auf der Seele brennt. Ich bin ernsthaft geneigt, ihr darauf zu antworten und mich für ihre Anteilnahme zu bedanken. Ich will mich nur vorher mit meinem Freund Martin abstimmen, um nicht seine Arbeit als Anwalt zu torpedieren. Ich bin mir nicht sicher, ob ich damit eine Art Schuldeingeständnis liefere. Er hat jedoch deshalb keinerlei Bedenken.

Nur wenige Tage danach, noch bevor ich mich an die Beantwortung ihres Briefes machen kann, erreicht mich das erste Schreiben ihrer Versicherung. Man wirft mir darin die schon beschriebene Mitschuld am Unfall vor. Nun stelle ich mir doch die Frage, ob ihr der eigene Anwalt zu diesem Schreiben geraten hat, um in besserem Licht zu erscheinen. Das muss nicht so sein, ist nur so ein Gefühl. Das jedoch täuscht mich nur sehr selten…

Ich werde ganz oft gefragt, wie ich darüber denke, was mir die Frau mit diesem Unfall angetan hat. Was soll ich darauf antworten? Natürlich bin ich *not amused*, wie es die britische Queen immer so schön formuliert! Verständlich, oder? Aber wenn ich mich intensiver damit beschäftige, komme ich immer mehr zu der Einschätzung, dass dahinter selbstverständlich keine Absicht steckte. Genauso wenig hat sie sich selbst in eine solche Position gewünscht. Wer kann schon von sich behaupten, über einen solchen Moment der Unaufmerksamkeit erhaben zu sein? Das erinnert mich sehr an *Jesus und die Ehebrecherin*, eine überlieferte Geschichte. Die Frau, die auf frischer Tat ertappt und von den Schriftgelehrten und Pharisäern vor Gericht gestellt wurde. Nach dem Gesetz Mose war geboten, sie zu steinigen! Jesus aber richtete sich auf und sprach zu ihnen: „Wer von euch ohne Sünde ist, werfe als Erster einen Stein auf sie!“

Naja, als Priester habe ich wahrscheinlich weniger Chancen…

Auch wenn ich also mit dem bösen Spiel ihrer Versicherung nicht einverstanden sein kann, richtet sich mein Groll doch nicht gegen diese Frau. Es war nicht ihre Absicht! Und auch ich muss mir die Frage stellen, ob mir nicht jeden Tag Ähnliches hätte passieren können. Ich fahre täglich fast neunzig Kilometer mit dem Auto. Oder eben zum Unfallzeitpunkt mit dem Motorrad. Und oft gehen mir dabei viele Dinge durch den Kopf, die mich eventuell ablenken könnten. Einmal kam ich sogar in die Situation, dass ich fast einen Motorradfahrer versehentlich von der Straße gedrückt hätte. Eine Situation, vor der ich mich selbst als Motorradfahrer selbst immer gefürchtet hatte.

Es war eines schönen Tages auf dem Nachhauseweg auf der L33, der Umgehungsstraße zwischen der Autobahnabfahrt der A10 und der Abzweigung nach Neuenhagen. Vor mir befand sich ein sehr langsam fahrendes Auto. Langsamer, als ich in diesem Moment tolerieren konnte. Ich hielt also Ausschau nach einer passenden Stelle zum Überholen und wartete ab, bis der Gegenverkehr es durch eine ausreichend große Lücke zuließ. Als sich die Gelegenheit bot, setzte ich zügig mit bereits gesetztem Blinker zum Überholvorgang an. Ich schaute zuvor auch entsprechend in den Außenspiegel, um mich zu vergewissern, dass dort niemand ist. Ein Motorradfahrer überholte jedoch gleichzeitig mehrere Autos. Der Blick in den Spiegel offenbarte mir das aber nicht, weil der Biker schon relativ nah neben mir fuhr. Damit entzog er sich meinem Sichtfeld im Spiegel.

Daher hat der Begriff *toter Winkel* seinen Ursprung. Erst als sich der Motorradfahrer durch hupen und wildes gestikulieren bemerkbar machte, erschrak ich und lenkte schnell in meine Fahrspur zurück. Plötzlich war meine Aufmerksamkeit wieder zu dreihundert Prozent zurück! Was für ein Schreck! Mit einem einfachen Blick über die Schulter, worauf in der Fahrschule zu Recht bestanden wird, hätte ich die Situation nicht so weit kommen lassen müssen! Dieser Kritik muss ich mich selbst stellen. Die Krönung: Der Motorradfahrer, den ich fast zu Fall brachte, hatte das gleiche Motorrad wie ich … eine BMW R1100S. In diesem Moment war er mir anonym. Vielleicht aber hatte ich mit ihm schon vorher über das BMW-SQ-Forum kommuniziert…

Der erste Eindruck, dass die Verursacherin keine normalen zwischenmenschlichen Regungen zeigt, bestätigt sich schließlich vor Gericht, wie ich später noch ausführen werde.

Kapitel 22
Gericht

Heute, am 17. März 2020, findet die erste mündliche Verhandlung am Landgericht in Berlin statt. Wir treffen natürlich früher zum Gerichtstermin ein, um nicht in letzter Sekunde in den Saal zu hecheln. Davor sitzt Frau Dr. Wühlen, die Unfallverursacherin, bereits auf einer der Wartebänke, die auf dem Flur aufgestellt sind. Als wir ihr einen „Guten Morgen!“ wünschen, erwidert sie unseren Blickkontakt nicht und schaut kaum von ihrem Handy auf. Sie gibt uns ihrerseits ein kaum hörbares „Morgen!“ zurück. Auch das nur widerwillig und ohne uns anzusehen. Dies sind in der gesamten Anhörung auch die einzigen Worte, die wir von ihr zu hören bekommen. Ich nehme an, dass die Richterin das auch auf menschlicher Ebene registriert. Kein Wort der der Erklärung oder der Entschuldigung, wie sie es in ihrem Brief beteuerte. Keine Regung. Ich stelle mir die Frage, würde ich mich genauso verhalten, säße ich auf der anderen Seite als Verursacher? Ich denke *NEIN*!

Anwesende im Gericht sind nur die Verursacherin (Beklagte zu 2) und der Anwalt der gegnerischen Haftpflichtversicherung (Beklagte zu 1). Unsere Seite besteht aus Martin in seiner Funktion als mich vertretender Anwalt und mir als Kläger. Und selbstverständlich die Richterin. Heute soll auch der letzte Sitzungstag am Landgericht stattfinden, bevor auch hier die Corona-Krise für das Schließen des Gebäudes sorgt.

Die Richterin ist eine sehr nette und verständnisvolle Frau mittleren Alters. Sie macht ein paar relativ kurze Ausführungen zum Unfallhergang. Sie kommentiert beim Vortrag der Klageerwiderung die angebliche *Einhaltung jeglicher Sorgfaltspflichten*, wie sie die Anwälte der Versicherung darstellen. Unter Einhaltung dieser wäre es ihrer Meinung nach beim Herausfahren aus der Parklücke erst gar nicht zum Unfall gekommen. Eine Mitschuld meinerseits in Höhe von dreißig Prozent kann sie ebenfalls nicht nachvollziehen. Zumindest nicht in dieser gewichtigen Höhe. Unter Umständen und nach weiteren tatsächlich unabhängigen vom Gericht bestellten Gutachten zur Unfallrekonstruktion könnte sie sich möglicherweise zehn bis fünfzehn Prozent vorstellen. Aber auch nur dann, wenn triftige Gründe dafür gefunden werden. Mehrmals hebt sie den geforderten Prozentsatz hervor und stellt ihn als völlig überhöht in den Raum. Der Termin der Anhörung wird vorerst als Schlichtungstermin angesetzt. Sollte es nicht zu einer Einigung beider Parteien kommen, ginge die Besprechung in die mündliche Verhandlung über.

Im folgenden Gespräch geht es um die Höhe der geforderten Entschädigung. Nach weiteren kritischen Ausführungen der Richterin legen wir auf Wunsch des gegnerischen Anwalts eine kleine Pause ein. Er telefoniert unter reichlicher Gestikulation mit seiner Mandantschaft, der Versicherung. Auch wir nutzen diese Auszeit, um uns abstimmen. Punkt eins: Es ist besser, eine Einigung zu erzielen, als den Prozess vielleicht um weitere Jahre in die Länge zu ziehen. Die Corona-Krise steht erst am Anfang! Und Punkt zwei betrifft die Höhe unserer Forderungen. Es erscheint uns sinnvoll, eine etwas weiter ausgeholte Summe aufzurufen, auch wenn diese nach Rechtsprechungsgrundlage nicht realistisch ist. Angleichen können und werden wir uns immer noch. Martin weiß, in solchen Vergleichen kann schon mal wie auf dem Basar gehandelt werden.

Wieder zurück im Verhandlungsraum werde zuerst ich durch die Richterin befragt, welche Entschädigung ich mir vorstelle, damit wir zu einem passenden Vergleich kommen. Ich sage spontan „sechzigtausend Euro“ und blicke ausnahmslos in die erschrockenen Gesichter aller Anwesenden! Augenblicklich merke ich, dass ich hier etwas relativieren und klarstellen muss. „Ich meine die Gesamtsumme, also inklusive der bereits gezahlten siebenundzwanzigtausendfünfhundert Euro. Es geht mir demzufolge um zweiunddreißigtausendfünfhundert Euro Restforderung.“ Das entspannt die Mimik des gegnerischen Anwalts erheblich, aber nicht vollständig. Aber auch das Gesicht der Richterin glättet sich wieder. Der Vertreter der Verursacherin sagt, er hätte sich eine Sofortfreigabe für zwanzigtausend Euro geben lassen. Ergänzend meint er, auch dreiundzwanzig würde er als Obergrenze rechtfertigen können. Das müsse jedoch das obere Limit sein! So geht es weiter über fünfundzwanzig zu letztlich vierundzwanzigtausend Euro Restzahlung. An dieser Stelle stimmen wir dem Kompromiss abschließend zu und die Richterin diktiert ihr Sitzungsprotokoll in ein Mikrofon. Damit schließt sie die Verhandlung. Die Hände der Parteien werden wegen des Corona-Virus verbal geschüttelt.

Von der Verursacherin hatte ich mir wenigstens einen einzigen Ausdruck des Bedauerns erhofft. Aber da ist gar nichts. Nur Eiseskälte.

Kapitel 23
Erwerbsminderung

Zuvor habe ich schon beschrieben, wie akribisch die medizinischen Gutachten erstellt wurden. Inzwischen ist eine Zeit vergangen und wir sind in der letzten Woche im April. Kirsten leert wie gewohnt den Briefkasten, als sie von der Arbeit kommt. Sie legt mir einen dicken Brief auf den Tisch und sagt beiläufig, dass er von der Berufsgenossenschaft sei. Bestimmt hat sie eher mit einer Geburtstagskarte gerechnet, denn den will sie in ein paar Tagen feiern.

Wir bringen erst unser Abendbrot zu Ende, bevor ich den Umschlag öffne. Ich überfliege vorerst die vielen Seiten und bleibe bei einer Textstelle hängen. Hier steht etwas von fünfzig Prozent und einer entsprechenden in Geld ausgedrückten Zahl.

Der Prozentsatz bezieht sich auf den Grad der Minderung meiner Erwerbsfähigkeit, wie es richtig heißt. Man rechnet mir demnach eine Rente als Ausgleich dieser Minderung zu. Großartig! Es folgt eine Menge an Kleingedrucktem, das ich zu einem späteren Zeitpunkt intensiver studieren muss.

Die Berufsgenossenschaft leistet also eine monatliche Ausgleichszahlung auf eine eingeschätzte Reduzierung meines Erwerbsentgelts, die ich durch meine verbliebenen Schäden eventuell in Kauf nehmen muss. Und das sogar rückwirkend bis zum Zeitpunkt meiner Arbeitsfähigkeit. Also zahlt sie seit Februar.

Ich freue mich! Damit habe ich nicht gerechnet. Zwar ging meine Hoffnung in diesen Bereich, aber realistisch hatte ich mit maximal dreißig oder vierzig Prozent gerechnet. Umso erfreulicher, dass nun fünfzig Prozent festgelegt wurden.

Das entspannt den finanziellen Druck erheblich! Die Zurücksetzungen, die ich betrieblicherseits hinnehmen muss, bleiben natürlich auch in der Gehaltstüte nicht unbemerkt. Diese Teilrente hält mich hierbei nun etwas frei.

Für den Moment ist dieser Prozentsatz festgestellt. Dieser wird jedoch nach Ablauf von drei Jahren erneut bewertet und gegebenenfalls angepasst.

Kapitel 24
Schwerbehinderung

Das Gericht hat nun den Schadensersatz durch die gegnerische Versicherung zu meinen Gunsten entschieden. Oder besser ausgedrückt, der geschlossene Vergleich ist aus meiner Sicht deutlich positiver als erwartet zustande gekommen. Die BG-Teilrente für Erwerbsminderung ist auch beschlossene Sache. Meine Freizeit durch die Kurzarbeit gibt mir Raum für viele Projekte in Haus und Garten, zu denen ich sonst nicht käme. Die finanziellen Auswirkungen der verordneten Kurzarbeit werden durch die Leistungen der Berufsgenossenschaft mehr als aufgefangen. Schön, dass ich mir darüber nun keine Sorgen machen muss! Meine körperlichen Defizite ließen sich bis zum heutigen Zeitpunkt, wenn auch teils unter großen Anstrengungen und die Hilfe vieler heilender Hände, inzwischen auf ein überschaubares Maß reduzieren. Es bleibt natürlich noch immer Luft nach oben, aber ich freue mich schon, dass ich den Status Quo erreicht habe! Würde ich mich hier beklagen, könnte man das nur Jammern auf hohem Niveau nennen!

Vor etwa einem Jahr startete ich schon einmal meine Recherche, wie und ob ich vielleicht aufgrund der körperlichen Einschränkungen einen Schwerbehindertenausweis beantragen kann. Nach eingehender Studie der zugrundeliegenden Richtlinien hieß es, die Heilbehandlungen müssen zuvor abgeschlossen sein.

Gut, an diesem Punkt bin ich jetzt. Seit Februar bin ich nicht mehr krankgeschrieben, also arbeitsfähig. Urlaub oder Kurzarbeit spielen hierfür keine Rolle. Meine Akte der Heilbehandlungen bleibt bestehen, ist aber geschlossen. Das heißt, im Bedarfsfall kann sie jederzeit vom behandelnden D-Arzt erneut geöffnet werden.

Brandenburg bietet wie einige Bundesländer die Möglichkeit, einen Antrag auf Erteilung eines Schwerbehindertenausweises online einzureichen. Ich beginne also mit dem Ausfüllen, was sich als sehr umfangreich herausstellt. Immer wieder komme ich an Stellen im Antrag, an denen ich abbrechen muss, weil ich dafür Dinge recherchieren oder Unterlagen einscannen muss. Arztbriefe, Behandlungsberichte, Reha-Berichte, Befunde, Gutachten und vieles mehr müssen in den Antrag einfließen. Nur gut, dass die Webdesigner, die diesen Antrag onlinefähig auf der Seite des Brandenburger Versorgungsamtes eingerichtet haben, an alles gedacht haben! Sie haben die Möglichkeit des Zwischenspeicherns vorgesehen. Ein Glück! Das ermöglicht das Weiterarbeiten am bereits zum Teil ausgefertigten Antrag, auch wenn noch Dokumente fehlen. Gut mitgedacht, Jungs und Mädels!

Nach vier Tagen habe ich den Antrag nach meinen Maßstäben fertig und kann ihn mit allen notwendigen Anlagen absenden. Nun bin ich gespannt, wann sich mal jemand an die Bearbeitung macht und wann ich dann mal Antwort erhalte. Das zweite Fragezeichen steht hinter der Wie-Frage. Ich meine, die Antwort kann verschieden ausfallen. Die betreffenden Sachbearbeiter könnten zu Ergebnissen kommen, die mir nicht gefallen. Ehrlich gesagt rechne ich, ohne pessimistisch zu sein, nicht mit einem positiven Bescheid. Vielleicht kommt dabei ein Behinderungsgrad von zwanzig oder vielleicht dreißig Prozent heraus. Mehr kann ich mir kaum vorstellen. Von Prozentsätzen dieser Größenordnung hätte ich keine Vorteile zu erwarten. Die wären das Papier nicht wert, auf dem sie stehen.

Warten wir es also einfach ab. Die Mühlen der Bürokratie sind ja bekanntlich nicht für sehr schnelles Mahlen bekannt…

Umso größer ist meine Überraschung, als am übernächsten Tag bereits ein Brief vom Amt im Kasten liegt. Aber das kennen wir ja. Diese Bestätigung schicken ja alle öffentlichen Stellen heraus, um den Antragseingang zu quittieren. *Vielen Dank, dass Sie uns Ihren – bla bla bla..., schnellstmögliche Bearbeitung – bla bla bla.*

Voreilige Schlüsse zu ziehen, ist nicht immer richtig und wird denen nicht gerecht, die auf der anderen Seite für uns Arbeiten leisten. So auch in diesem Fall.

Ich bin erstaunt, als ich den Brief öffne und einen Bescheid vorfinde, der meine Erwartungen übersteigt! Darin ist eine Erklärung mit der Aussage abgefasst, dass der Grad der Schwerbehinderung an das Gutachten der Berufsgenossenschaft angepasst wird. Ich erhalte einen Schwerbehindertenausweis mit einem Grad von fünfzig Prozent! Ich müsste nur noch im Antwortformular ankreuzen, ob ich damit einverstanden bin. Was für eine Frage! Dazu muss ich ein Passfoto aufkleben und das Schreiben einsenden. Ich habe glücklicherweise noch eins von der Beantragung meines Personalausweises.

Einige Tage später ist mein Ausweis in der Post. Unglaublich! Ich bin doch ein bisschen stolz auf unsere Behörden in Brandenburg! Danke dafür!

Es ist nicht das Wichtigste, eine Plastikkarte in der Tasche zu haben. Vielmehr sind mit einem Grad der Schwerbehinderung ab fünfzig Prozent arbeitsrechtliche Veränderungen verbunden. Beispielsweise bekomme ich nun fünf Tage mehr Urlaub pro Jahr und bin schwerer zu kündigen. Im Privatleben gibt es hier und da Vergünstigungen bei Eintrittskarten und Angebotspreisen. Wir selbst räumen Menschen, die im Besitz eines Schwerbehindertenausweises ein Auto anschaffen wollen, einen großen Preisnachlass ein!

Wenn's mal läuft, dann läuft's…

Kapitel 25
Arbeit

Ende Mai, ich bin noch immer in Kurzarbeit zu Hause, erhalte ich einen Anruf meines Teamleiters. Er fragt, ob ich in Charlottenburg die Verantwortung für die Gebrauchtwagenabteilung übernehmen würde. Ich überlege wirklich, entscheide mich dann aber für ein eindeutiges *NEIN*. Der Anfahrtsweg ist noch weiter und in naher Zukunft werden auf der Stadtautobahn Baumaßnahmen gestartet, die noch viel mehr Fahrzeit in Anspruch nehmen werden. Außerdem ist dieser Verkaufsplatz immer im direkten Blickfeld unseres Chefs, der dort bislang jeden engagierten Mitarbeiter erfolgreich in die Flucht geschlagen hat. Ich habe keine besondere Lust, jeden Tag sein willkommenes Opfer zu sein!

Steglitz bleibt unverändert im Fokus.

Am 01. Juli erreicht mich eine WhatsApp-Nachricht auf Rügen. Wir sind dort für eine Woche im Ostseeurlaub. „Wir haben die Kurzarbeit beendet, sodass du ab morgen bitte in Steglitz anfängst."

Beginn am 2. Juli 2020? Von heute auf morgen? Das ist einfach zu kurzfristig! Mein Teamleiter hat mit Sicherheit verschlafen, mir diese Nachricht rechtzeitig zu senden. Ich bitte per Antwort um zwei Tage Urlaub, worauf ich nicht mal eine Antwort bekomme. Deshalb beschließe ich, diesen Urlaub wahrzunehmen.

All diese Beispiele zeigen so deutlich, wie in unserer Firma mit den Mitarbeitern umgegangen wird …

Ich fahre nach genau 700 Tagen des Arbeitsentzugs zum 06. Juli dort hin und beginne mich einzuarbeiten. Widerwillig, wenn ich das am Rande bemerken darf! Schon der Anfahrtsweg ist eine endlose Katastrophe, obwohl Berlin und Brandenburg noch in den Sommerferien stecken! Der Rückweg ist noch schlimmer. Das Haus ist leer bis auf ein einziges inzwischen überholtes Modell. Auch eine Außenausstellung gibt es nicht. Für Probefahrten stehen ein älteres Astra-Modell und ein aktueller Corsa bereit. Das ist alles. Gebrauchtwagen gibt es nur per Datei im internen Intranet. Das scheinen mir doch die allerbesten Voraussetzungen für gute Geschäfte zu sein …! Und Corona ist scheinbar bis auf eine Spuckschutzscheibe auf dem Tisch meines Kollegen nicht existent.

Unglaubliche Zustände! Dieser Arbeitsplatz ist ein Totalausfall!

Aber vielleicht ist ja das Ziel, dass ich den Betrieb von selbst verlasse. Finde ich trotz der Pandemie eine passende Alternative, tue ich meinem Noch-Arbeitgeber diesen Gefallen…

Inzwischen habe ich den ersten Monat recht oder schlecht geschafft. Ein Großteil der Stunden und Tage, die ich hier verbringe, besteht aus Totschlagen der sinnlos abzusitzenden Zeit. Das ist ein sehr unwirkliches Gefühl, zumal dadurch zu Hause die Arbeiten ins Stocken geraten. Was für ein Widerspruch! In mir brodelt es!

Ganze drei Fahrzeuge kann ich in diesem ersten Monat verkaufen. Ich schreibe meine alten Stammkunden per Mail an und melde mich auf diese Weise zurück. Bei den meisten kommt das auch gut an und sie erklären, dass sie den weiteren Weg gern in Kauf nehmen, um nicht von Jörn Priechnow abgefertigt zu werden. Ich teile meinen Kunden auch mit, dass mein lieber Vertreter im Oraniendamm meine Fehlzeit intensiv genutzt hat, sich meinen Arbeitsplatz zu sichern. Das Verständnis dafür hält sich bei meinen Kunden in deutlichen Grenzen.

Obwohl ich mich mit der Situation arrangiere, baue ich ein immer stärkeres Feindbild zu meinem Kollegen auf. Ich bemühe mich, ihm meine eigentlichen Belange Stück für Stück wieder aus der Hand zu nehmen und ihn damit langsam zu demontieren. Ich glaube zwar nicht, dass dies irgendwie dazu führen wird, dass ich wieder zurück nach Waidmannslust gehe, aber der Konflikt hilft mir, wach zu bleiben und gibt mir ein Ziel.

Alexandre Dumas kommt mir immer öfter in den Sinn. Er schrieb Mitte des neunzehnten Jahrhunderts neben *Die drei Musketiere* seinen größten Roman *Der Graf von Monte Christo*. Ich fühle mich dem Schicksal der Titelfigur dieses Romans auf eigenartige Weise seelenverwandt. Auch er wurde Opfer einer Intrige und konnte nach großen Entbehrungen seine Widersacher bestrafen. Jeden auf seine spezielle Weise. Wäre doch schön, wenn sich die Geschichte im wahren Leben wiederholen könnte…

Kapitel 26
Fazit

Bis hierher dauert der Kampf schon eine ganze Weile an! Viele Hürden sind überwunden und viele Situationen gemeistert. Schön auch, dass es die Natur eingerichtet hat, dass wir Menschen Schmerzen vergessen können! Solange sie da sind, hält es jeder für unmöglich. Sie bleiben später in der Erinnerung, aber nicht als das, was sie wirklich sind. Vielleicht gerade einmal als widrige Zustände. Frauen würden vermutlich nicht im Geringsten daran denken, ein zweites Kind zur Welt zu bringen. Und wer schon einmal Zahnschmerzen mit einer nachfolgenden Wurzelbehandlung hatte, wird sich auch nur an die Umstände, doch nicht an den genauen Schmerz erinnern. Gut so, das macht das Leben leichter!

Überhaupt schafft die Natur Dinge, zu denen wir nie im Stande sein werden. Egal, für welche Spitze der Evolution wir Menschen uns halten. Wir können Knochen mit Schienen reparieren, aber nicht neu bilden. Wir können Medikamente verabreichen, aber die Heilung muss der Körper selbst regeln. Wir sind eben nur ein ganz kleiner Teil dieser Natur, oder wie immer man dazu sagen will. Das gilt es mal zu erkennen!

Egal welche Schwierigkeiten der Mensch durchleben muss, ist jede einzelne Herausforderung eine neue Lernsituation und verlangt uns eine Menge ab. Aber wie gesagt, sie bereichert uns auch immens! Ich werde oft gefragt, ob ich die Uhr gern zurückdrehen möchte um alles ungeschehen zu machen. Darauf gibt es keine einfache Antwort!

Sicher könnte ich gern auf vieles verzichten. Niemand braucht Operationen, Schmerzen, Narkoseerfahrungen, Peinlichkeiten oder defekte Nerven! Andererseits wäre mir vieles verborgen geblieben! Ich habe Menschen kennengelernt, denen ich ohne diese Umstände nie begegnet wäre. Ich habe Berufe schätzen gelernt, in die ich nie Einblick bekommen hätte. Ich habe neue Freunde gefunden, zu denen mir die Gelegenheit zum Kennenlernen gefehlt hätte. Und ich kann es nicht oft genug betonen: Ich habe einige Dinge und Menschen wertschätzen gelernt, die mir höchstwahrscheinlich verborgen geblieben wären!

Trotzdem würde ich niemandem empfehlen, diesen Weg absichtlich einzuschlagen, nur um diese Erfahrungen zu machen. Auch die sogenannte finanzielle Entschädigung ist nicht der Anreiz, das Gleiche noch einmal zu tun. Zum Geldverdienen ist so ein Unfall irgendwie nicht das geeignete Geschäftsmodell…

Aber wenn wir nun mal mit vollendeten Tatsachen konfrontiert sind und die Situation einmal eingetreten ist, gibt es ja auch keinen Rückwärtsgang. Es gibt nur den Weg nach vorn, wenn man den Fluchtweg hinaus aus dem Leben für sich ablehnt. Es heißt dann, den Schattenkampf mit Gegnern aufzunehmen, die sich nicht zeigen. Ganz wichtig ist für jeden, der vergleichbare Gegebenheiten zu bewältigen hat, den Blick optimistisch nach vorn zu richten und das Schwert in die Hand zu nehmen! Dass dies zu jedem Zeitpunkt und unter allen Umständen einfach ist, hat niemand behauptet.

Vieles kann dabei helfen! Es gibt schmerzstillende Drogen, es gibt Hilfsmittel, es gibt die passenden Einrichtungen und die Unterstützung der Berufsgenossenschaften.

Aber vor allem ist die Familie mit ihrer gesamten Kraft auch da, und oft sogar darüber hinaus! Und es sind da Menschen, die gut ausgebildet sind, um die verschiedensten Wehwehchen zu heilen. Es sind Therapeuten da, die ihr Bestes geben. Und es sind die Freunde, die einem Halt geben! Es sind aber auch andere Menschen um uns herum, die selbst Verletzungen erlitten haben. Von ihnen können wir viel lernen, wie man mit den eigenen Schäden umgeht. Oder hier und da hilft ein Blick zur Seite, um einfach zu sehen, dass es anderen Patienten möglicherweise noch viel schlechter geht. Auch die Erkenntnis kann helfen, vielleicht mit einem Quäntchen Glück im Unglück haarscharf an einer Querschnittlähmung vorbei geschlittert zu sein. Andererseits können wir auch denen Mut machen, die in ihrer Genesung noch nicht so weit vorangekommen sind wie man selbst.

Und wann im Leben kommen wir denn mal in die Lage, älter zu werden und gleichzeitig trotzdem körperliche Fortschritte wahrzunehmen…?

Eine Erkenntnis ist nun tief in mir verankert: Jederzeit kann es eine einschneidende Änderung ergeben. Es gilt also, jeden Moment des Lebens zu genießen und Dinge zu tun, für die es vielleicht irgendwann zu spät sein könnte! Jeder Moment ist lebenswert!

Mein Fazit: Wir alle müssen unser eigenes *Schicksal* annehmen! Und auf die Frage, ob ich alles lieber ungeschehen machen würde, kann ich nur mit einem entschiedenen *NEIN* antworten! Hört sich blöd an, oder? Ich würde es nicht gern noch einmal durchmachen! Aber das sind zwei verschiedene Dinge…